ペトロ文庫

教皇フランシスコ

いつくしみ

―教皇講話集―

カトリック中央協議会

目次

本書は文庫オリジナルです。

文中、聖書の引用は原則として日本聖書協会『聖書　新共同訳』（二〇〇〇年版）を使用しました。ただし、漢字・仮名の表記は本文に合わせています。他の引用につきましても、用字等、一部変更を加えた箇所があることをお断りいたします。

はじめに

本書は、教皇フランシスコが「いつくしみの特別聖年」の期間中に行った一般謁見連続講話を一冊にまとめたものです（正確にいえば、連続講話は聖年閉年後の二回の講話をもって完結しました）。

＊＊＊

いつくしみの特別聖年は、二〇一五年十二月八日、無原罪の聖マリアの祭日に、バチカンのサンピエトロ大聖堂での「聖なる扉」を開く式によって幕を開け（本書のカバーに使用した写真は、その聖なる扉を開く教皇の姿を写したものです）、二〇一六年十一月二十日、王であるキリストの祭日に閉じられました。そして、無原罪の聖マリアの祭日後の最初の日曜日であった二〇一五年十二月十三日、待降節第三主日には、ローマの司教座聖堂であるサン・ジョバンニ・イン・ラテラノ大聖堂をはじめ、世界中の司教座聖堂などで聖なる扉を開く式が行われました。

いつくしみの特別聖年には、「いつくしみ深く 御父のように（Misericordes sicut Pater）」というモットーが定められました。そして、このモットーを基にした公式賛歌も作られました（二〇一七年二月七日に大阪城ホールで挙行されたユスト高山右近列福式ミサで、この賛歌が入祭の歌として歌われたことは、多くのかたが記憶しておられることと思います）。

神のいつくしみを豊かに受けているわたしたちは、それゆえに「いつくしみを生きる」よう招かれています。特別聖年の開年にあたって公布された大勅書『イエス・キリスト、父のいつくしみのみ顔』の中で、教皇はそのことを次のようなことばで語っています。

神のいつくしみは、わたしたちに対する神の責務なのです。神は責任を感じています。わたしたちの幸せを望み、わたしたちが幸福で、喜びと平和に満たされているのを見たいのです。キリスト者のいつくしみに満ちた愛は、その神の愛と同じ波長をもたねばなりません。御父が愛しておられるのと同じように、子らもまた愛するのです。御父がいつくしみ深いかたであると同じように、わたしたちもまた、互いにいつくしみ深い者となるよう招かれているのです。

大勅書に込められているメッセージは実に具体的です。「神のいつくしみの神秘」の観想へと招くとともに、「ゆるすこと」と「与えること」という、他者に対する具体的な行動へと、わたしたちを強く促しています。そして、人をゆるし人に与えるためには、妬《ねた》みや嫉《そね》みの気持ちを捨て、悪口をいうことなく、貧しい人や苦しむ人に対する無関心という壁を打ち砕かなければなりません。このような単純素朴な訴えは、フランシスコ教皇が、これまでにもさまざまな場面で、それこそしつこいほどに繰り返していることであり、この一般謁見連続講話においても根本的な要素となっています。

＊＊＊

いつくしみの特別聖年が開幕する一月ほど前には、「教会と現代世界における家庭の召命と使命」をテーマとした世界代表司教会議《シノドス》第十四回通常総会が開催されました（二〇一五年十月四日～二十五日）。そのシノドスを受けて公布された使徒的勧告『愛のよろこび（*Amoris laetitia*）』においても「いつくしみ」は強調されています。『愛のよろこび』においてとくに明確に示されているのは、裁き手の立場には立たないということです。

ですから、すべては有機的なつながりをもっています。「いつくしみを生きる」ことへの招きは、当然ながら聖年の期間にとどまるものではありません。わたしたちは日々、家庭でも、職場でも、学校でも、教会でも、あらゆる場面でそれを求められています。

＊＊＊

フランシスコ教皇は、本質的、核心的なことがらを伝えようとする際に、たとえのような、独特の個性的な言い回しを用いることがよくあります。それは、《これからいうことはとても大切なことですから、皆さんしっかり頭にとどめてくださいね》――そんな気持ちの具体的な表れであるようにも思えます。本連続講話においても、たとえば次のようなことばでもって、わたしたちを導いてくれています。「あわれみは、イエスにおいてもわたしたちにおいても、心から出発して手に到達する旅です」(145ページ)。わたしたちは、イエスから愛され、いやされている、だからそのいやされた心をもって他者に手を差し伸べなさい――、そうした教えであり促しです。

こうした教皇の優しく温かな語りかけの一つ一つが、本書を読まれるかたにとって、まさにかけがえのないメッセージとなりますように――。そう願ってやみません。

教皇フランシスコ

いつくしみ――教皇講話集

カトリック中央協議会事務局　編訳

なぜ、いつくしみの聖年なのか

親愛なる兄弟姉妹の皆さん、おはようございます。

昨日、わたしはここサンピエトロ大聖堂で、いつくしみの聖なる扉を開きました。その前に、中央アフリカのバンギの大聖堂で聖なる扉を開いています。今日は、この聖年の意味について皆さんと一緒に考えたいと思います。「なぜ、いつくしみの聖年なのか。この聖年は何を意味するのか」。

教会にはこうした、いつもとは異なる時が必要です。普段とは違ったこのような機会は教会のためになる、といいたいのではありません。教会にはこうした、いつもとは異なる特別な時が必要なのです。物事が大きく変わりゆく現代において、教会は、神が存在し、すぐそばにいてくださることの目に見えるしるしとなる、特別な働きに招かれています。聖年はわたしたち皆にとって恵みの時です。人間のあらゆる限界を超え、罪の闇に輝く神のいつくしみをじっくり見つめることによって、わたしたちは自らの確信を強め、いっそうはっきりとあかしできるようになるからです。

いつくしみ深い御父である神を仰ぎ見、思いやりを必要としている兄弟姉妹に目を向けることは、福音の本質に焦点を当てるということです。それは、神のいつくしみの受肉によって、神の三位一体の愛という大いなる神秘を目に見えるかたちで示してくださる、イエスのことです。いつくしみの聖年を祝うことはつまり、キリスト教信仰の本質、すなわちイエス・キリスト、神のいつくしみを、わたしたち個人の生活と共同体の生活の中心に今一度据えるということなのです。

ですから聖年とは、いつくしみを生きるためにあります。そうです、親愛なる兄弟姉妹の皆さん。この聖年が与えられたのは、わたしたちが自分の生活の中で、神のゆるしが優しく温かに触れてくださるのを感じ、わたしたちの間におられる神の存在を、しかもそれをもっとも必要としているときに、すぐそばにいてくださることを感じられるようになるためなのです。

別の言い方をすれば、この聖年は、「神がもっとも喜ばれること」だけを選ぶすべを教会が学ぶための、特別な期間なのです。では、「神がもっとも喜ばれること」とは何でしょうか。ご自分の子どもたちをおゆるしになること、彼らをあわれんでくださること、それによってその子どもたちもまた、自分の兄弟姉妹をゆるし、この世における神のいつくしみのともしびとして輝くことです。これこそが、神がもっとも喜ばれることです。聖アンブロジオは、アダムについて記した神学書の中で天地創造を取り上げて、こう指摘しました。神は日ごとに何かを――月、太陽、動物――をお造りになるたびに、「それらを見て、よしとされた」。しかし男と女をお造りになったとき、聖書は「神はご覧になった。見よ、それはきわめてよかった」と記している。「なぜ、きわめてよい、とおっしゃったのか。男と女をお造りになった後、神はなぜそれほど喜ばれたのだろうか」。聖アンブロジオは問います。それは、ようやくゆるす相手ができたからです。これはすばらしいことです。神の喜びはゆるすことです。神の本質はいつくしみです。だからこそわたしたちは、この聖年に、心を開かなければなりません。そうすれば神のこの愛が、この喜びが、わたしたち皆をこのいつくしみの心で満たしてくださいます。わたしたちが、「神がもっとも喜ばれること」を選ぶことを覚え、ほかにもっと重要で優先させたいことがあると考える誘惑に陥らなければ、この聖年は教会にとって「恵みの時」となるでしょう。「神がもっとも喜ばれること」、すなわち神のいつくしみ、神の愛、神の優しさ、神の抱擁、神の愛撫を選ぶこと以上に、大切なものはありません。

教会の制度と構造の改革に必要な活動もまた、わたしたちが神のいつくしみを具体的に生き生きと体験できるようにしてくれるに違いない方策です。神のいつくしみだけが、教会を山の上にある隠れることのない町（マタイ5・14参照）でいさせてくれるからです。いつくしみ深い教会だけが輝くのです。いつくしみこそが「神がもっとも喜ばれること」であることをほんの一瞬でも忘れてしまうならば、わたしたちの努力は何の意味もありません。それを忘れてしまえば、いくら改革しても、自分たちの属する制度や構造の奴隷になってしまうからです。わたしたちはつねに、奴隷になってしまうおそれがあるのです。

「迷子になったわたしたちを探すために来られたよい羊飼いであるイエスによって見いだされた喜びを、自らの中に強く感じること」（神のいつくしみの主日前晩の祈り説教、二〇一五年四月十一日）。これこそが、教会がこの聖年の間、自らに課した目的です。ですから、より人間らしい世界を築くことに、いつくしみが実際に役立つのだという確信が強まるはずです。とりわけ現代は、人間社会において、ゆるすということが珍客のようになっていますが、いつくしみを求める声はますます差し迫り、あらゆる場所――地域社会、社会制度、職場、家庭の中にさえ出てきています。

もちろん、こう反論する人もいるでしょう。「でも神父様。この一年、教会はもっと何かすべきではないでしょうか。神のいつくしみを真剣に見つめるのは正しいことですが、多くの急を要することがらがあるのですから」。それは事実です。やるべきことはたくさんあります。もちろん、わたし自身もそれを忘れたことはありません。しかし、いつくしみが忘れられたときにはいつも、自己愛が根づくことを心に留めなければなりません。世間ではこれが、自分の利益、快楽、名誉だけを追い求め、富を築く願望と結びついたかたちで表れます。キリスト者の生活では、しばしば偽善や世俗への執着に姿を変えます。これらすべてが、いつくしみに反します。いつくしみを社会の中で疎遠なものにしてしまう自己愛があまりに繰り返されるために、それが人間の狭さや罪であることに気づきにくくなっています。だからこそ、自分たちが罪人であることを自覚し、神のいつくしみに対する確信をわたしたちの中で強める必要があるのです。「主よ、わたしは罪人です。あなたのいつくしみをもって、わたしのもとに来てください」。これは美しい祈りです。毎日唱えることのできる簡単な祈りです。「主よ、わたしは罪人です。あなたのいつくしみをもって、わたしのもとに来てください」。

親愛なる兄弟姉妹の皆さん。わたしはこの聖年の間、「神がもっともお喜びになること」をあかしする者となるために、わたしたち一人ひとりが神のいつくしみを自分のものとするよう期待します。それが世界を変えるのだと信じるのは、甘い考えでしょうか。確かに、人間的見地から考えると、それは愚かなことかもしれません。しかし「神の愚かさは人よりも賢く、神の弱さは人よりも強い」（一コリント1・25）のです。

（二〇一五年十二月九日、サンピエトロ広場にて）

聖年のしるし

親愛なる兄弟姉妹の皆さん、おはようございます。

この前の主日に、ローマの司教座であるサン・ジョバンニ・イン・ラテラノ大聖堂と、世界の各教区の司教座聖堂と、司教が指定した巡礼地や教会堂でもいつくしみの扉が開かれました。聖年はローマだけでなく、世界中で行われるものです。わたしは、あらゆる部分教会に、聖なる扉というこのしるしがあるよう望みました。そうすれば、いつくしみの特別聖年が、すべての人がともに経験するものとなるからです。このように聖年は、教会全体で始まり、ローマと同様にどの教区でも祝われています。また、最初に聖年の扉が開かれたのは、まさにアフリカの中心でした。そしてここローマが、普遍的交わりの目に見えるしるしです。この教会の交わりがさらに深まることで、世においても教会が、御父の愛といつくしみの生きたあかしとなりますように。

十二月八日という日付も、五十年という年月を隔てて、聖年の始まりと第二バチカン公会議の閉会の日が結びつくことで、その願いを強調しています。事実、公会議は、教会を深く見つめ、交わりの神秘の光のもとにそれを示しました。世界中に散り、多くの部分教会に分かれてはいますが、イエスがお望みになった教会、ご自分をおささげになった教会には、イエス・キリストの唯一の教会しかありません。その「唯一」の教会は、神の交わりそのものによって生かされているのです。

教会を御父の愛のしるしにするこの交わりの神秘は、イエスの十字架を通して気づかされ、そこにわたしたちが浸る愛によって、御父から愛されている者としてわたしたち自身もまた愛することができる者となったとき、わたしたちの心の中ではぐくまれ、成熟したものとなります。それは、ゆるしといつくしみという顔をもった、永遠の愛なのです。

しかし、いつくしみとゆるしは、心地よいことばにとどめておくものではなく、日常生活の中で実現するものです。愛することとゆるすことは、信仰によってわたしたちが変えられたことの、触れることのできる目に見えるしるしです。それにより、わたしたちは神ご自身のいのちを自らの中に表現できるようになります。神が愛し、ゆるしてくださるように、わたしたちも愛し、ゆるすのです。それは、中断も例外も認められない、いのちの計画であり、父なる神に支えられているという確信をもって、たゆまず前に進むよう、わたしたちをいつも励ましています。

キリスト者の生活というこの偉大なしるしは、聖年の特徴をもった他の多くのしるしへと変わっていきます。わたしは、聖なる扉を通る人のことを思います。その扉はこの一年、まさにいつくしみの扉となります。扉は、「わたしは門である。わたしを通って入る者は救われる。その人は、門を出入りして牧草を見つける」（ヨハネ10・9）といわれたイエスご自身を指し示しています。「聖なる扉を通ることとは、主イエスを信頼していることの表れです」。イエスは世を裁くためではなく、救うために来られたのです（ヨハネ12・47参照）。手早い人やずる賢い人に代金を払えといわれないよう気をつけてください。救いは売り物ではありません。門はイエスであり、イエスは無償で与えられます。イエスご自身も、しかるべき方法で通らない人について、彼らは泥棒だと率直にいっておられます。ここで、もう一度気をつけてください。救いは無償です。聖なる扉を通ることとは、わたしたちの心が真に回心していることの表れです。聖なる扉を通るときには、わたしたちの心の扉も開いたままでなければならないことを思い起こしてください。わたしは聖なる扉の前に立ち、こう願い求めます。「主よ、わたしが心の扉を押し開くことができるよう助けてください」。もし、ご自分とその愛を届けるために他者のもとに行くようわたしたちを追い立てておられるキリストがお通りになれないほど、わたしたちの心の扉が狭ければ、聖年には大した意味がないでしょう。したがって、神ご自身がわたしたちのために示してくださる歓待のしるしである聖なる扉が開かれているのと同じように、わたしたちの扉、心の扉も、だれに対しても、たとえ煩わしい人に対しても、広く開かれたものとなるよう望みます。

もう一つの大切な聖年のしるしは、ゆるしの秘跡です。神と和解させていただくゆるしの秘跡にあずかることは、神のいつくしみを直接体験することです。それは、ゆるしてくださる御父と出会うことです。神はすべてのことをゆるしてくださいます。神は、限界を抱えたわたしたちを分かってくださいます。また、わたしたちの自家撞着をも理解してくださいます。それだけでなく、わたしたちが自分の罪を自覚するときこそ、神はいっそう近くにいてくださり、前を見るようわたしたちを力づけてくださることを、ご自分の愛をもってわたしたちに告げておられます。神はさらにこういってておられます。わたしたちが自分の罪を自覚し、ゆるしを求めるときには、天では祝宴が開かれます。イエスが祝ってくださいます。これが主のいつくしみです。ですから、くじけずに、このことを考えながら前を向いて歩みましょう。

「神父様、わたしは近所の人、同僚、隣の家の女性、義理の母、義理の妹をゆるせません」――こんなことばを何回聞いたことでしょう。「ゆるせない」――だれもが聞くことばです。でも自分がゆるせないならば、どうして神にゆるしを求めることができるでしょうか。ゆるすことはすばらしいことですが、簡単ではありません。わたしたちの心は乏しく、自分の力だけではゆるせないからです。けれども自分に向けられた神のいつくしみを受けるために心を開けば、自分もゆるせるようになります。こんなことばを何度も聞きました。「まったく、あの人には耐えられませんでした。大嫌いでした。でもある日、主のもとに行って自分の罪のゆるしを願うと、わたしもその人をゆるしていたのです」。こうしたことは珍しいことではなく、日常です。その機会は、わたしたちのすぐそばにあります。

ですから、勇気をもってください。まず、愛の偉大な力を秘めたこれらのしるしから始めて、聖年を過ごしましょう。主はわたしたちに寄り添い、いのちにとって大切な他のしるしを体験できるよう導いてくださいます。勇気をもって、前に踏み出してください。

（二〇一五年十二月十六日、サンピエトロ広場にて）

いつくしみの聖年における降誕祭

親愛なる兄弟姉妹の皆さん、おはようございます。

降誕節のここ数日、わたしたちの前には幼子イエスの像が飾られています。多くの家庭では自宅に馬小屋を飾っておられることでしょう。このすばらしい伝統は、アッシジの聖フランシスコにまでさかのぼり、人となられた神の神秘を、わたしたちの心に生き生きと伝え続けています。

幼子イエスへの信心は広く浸透しています。多くの聖人が、日々の祈りの中でこの信心を深め、幼子イエスの生き方を自らの生き方の模範としたいと願ってきました。わたしにはとりわけ、幼きイエスと尊き面影のテレジアと呼ばれるカルメル会の修道女、リジューの聖テレジアのことが思い浮かびます。教会博士でもある彼女は、「霊的な幼子」を生き、あかししてきたかたです。おとめマリアが教えておられるように、この「霊的な幼子」の道は、わたしたちのために小さな者となられた神の謙遜を黙想することで身に着きます。これは大いなる神秘です。神は謙遜なかたなのです。わたしたちは、高慢で虚栄心にまみれ、自分が大物だと思っています。ですがわたしたちは、何者でもありません。偉大なかたは謙遜であり、幼子となられます。これが真の神秘です。神は謙遜なかたです。なんとすばらしいことでしょう。

神であり人であるキリストのペルソナをもって、神が幼子であった時期がありました。このことは、わたしたちの信仰にとって特別な意味があるに違いありません。イエスの十字架上の死と復活が、イエスのあがないの愛の究極の表現であることは確かですが、地上におけるイエスの生活は啓示であり教えであることも忘れてはなりません。クリスマスのころには、イエスの幼少期が思い浮かびます。信仰を深めるには、もっと頻繁に幼子イエスを見つめる必要があるでしょう。もちろん、この時期のイエスの生活については何も分かりません。生まれてから八日後に名づけられ、神殿でささげられたこと（ルカ2・21―28参照）くらいしか記されていません。そして加えて、占星術の学者の訪問とエジプトに避難したこと（マタイ2・1―23参照）。そしていきなり十二歳のときに飛びます。マリアとヨセフが過越祭のためにエルサレムへ向かった際、両親と一緒には帰らず、神殿に残って律法学者と話しておられたときのことです。

このように、幼子イエスのことはほとんど分かりません。しかし子どもたちの生活を見れば、幼子イエスについて多くを知ることができます。親や祖父母には、子どもが何をしているかを見守るというすばらしい習慣があるのです。

まず最初に、子どもたちはわたしたちの注意を引きたがることが分かります。子どもたちに関心が向けられなければなりません。なぜでしょうか。彼らは高慢だからでしょうか。違います。守られていると感じる必要があるからです。わたしたちもイエスを自分の生活の中心に据え、何だか逆に思えるかもしれませんが、わたしたちにはイエスを守る責任があることを知る必要があります。イエスはわたしたちに抱かれ、世話をしてもらい、わたしたちの目をのぞき込みたいと願っておられます。また、イエスを愛していること、そして彼がわたしたちのただ中におられることの喜びをイエスに伝えるために、イエスをにっこりさせなければなりません。イエスの微笑みは、愛されていることをわたしたちに確信させる愛のしるしです。そして何より、子どもは遊ぶのが大好きです。しかし子どもたちと遊ぶということは、自分の理屈は脇に置いて、子どもたちの理屈を受け入れるということです。楽しい時間にしたければ、子どもたちが好きなことを知り、自分中心にではなく、子どもたちに好きなようにさせなければなりません。わたしたちも教えられます。自分は自立しているといううぬぼれ――これが問題の核心です――を、イエスの前で捨てるよう招かれています。それは、目の前にいる人のことを知り、その人に仕えることから生じる真の自由を受け入れるためです。そのかた、幼子は、わたしたちを救うために来られる神の御子です。イエスは、愛といつくしみにあふれる御父のみ顔をわたしたちに示すために来られます。ですから、幼子イエスをしっかり抱き、愛と静けさの源であるイエスの奉仕に協力しましょう。今日、帰宅したら、飼い葉桶のあるところに行って幼子イエスにキスをして、「イエス様。あなたのように謙遜に、神のように謙遜になれますように」といって、それを願うことができたらいいですね。

（二〇一五年十二月三十日、サンピエトロ広場にて）

神の名はいつくしみ

親愛なる兄弟姉妹の皆さん、おはようございます。

本日より、聖書的見地から見たいつくしみについての連続講話を始めます。みことばを通して神ご自身が教えてくださることに耳を傾けることによって、いつくしみを学ぶためです。まず、イエス・キリストによる完全な啓示――御父のいつくしみは、イエス・キリストのうちに完全に明らかにされています――のために、わたしたちを備えさせ、そこに導く旧約聖書から始めましょう。

聖書では、主は「あわれみ深い神」として表されています。それが神の名です。この名によって神は、いわばご自分の顔と心をわたしたちに現しておられます。出エジプト記に記されているように、神はモーセにご自分を明らかするにあたり、「主、あわれみ深く恵みに富む神、忍耐強く、いつくしみとまことに満ち」（34・6）た者と名乗られました。他の箇所にもこの表現が、多少の差異はありますが、記されています。

しかし、つねに強調されているのは、どんなときも倦《う》まずゆるしてくださる神のいつくしみと愛です（ヨナ4・2、ヨエル2・13、詩編86・15、103・8、145・8、ネヘミヤ9・17参照）。神について語っている聖書のこれらのことばを、一つ一つ見ていきましょう。

主は「あわれみ深い」かたです。このことばは、母親がわが子に示すいつくしむ愛を連想させます。事実、聖書で用いられているヘブライ語のことばは、内臓や子宮を前提にしています。したがって示唆されるイメージは、わたしたちのために、母のように心乱され、心動かされる神の姿です。わが子を腕に抱き、その子をひたすらいつくしみ、守り、助け、すべてを与え、自分自身さえも投げ出す母親です。それが、このことばが示すイメージです。ですからいつくしみは、よい意味で「腹の底から」のものだと特徴づけることができます。

それから、主は「恵みに富む」かたであると記されています。恵みを与え、人の思いに心を重ね、偉大なかたでありながら、弱く貧しい人々の前で身をかがめ、いつでも彼らを受け入れよう、理解しよう、ゆるそうと、待っていてくださいます。ルカによる福音書（15・11―32参照）に記されているたとえ話の中の父親のようです。家を捨てた下の息子を憤りに任せて拒むのではなく、その逆に待ち続け、それがかなうと、その子のもとに走り寄って抱きしめ、いつくしむ思いと見つかった喜びのあまり、その子を制して、反省のことばすらいわせない父親です。それから父親は兄も呼びにいきますが、兄は怒って祝宴に出ようとしません。家に残り、息子というよりも召使のように仕えてきた兄です。そんな兄に対しても、父親は身をかがめ、祝宴に参加するよう招き、兄の心を愛（amore）へと開こうとします。いつくしみの宴《うたげ》から、だれ一人除外されないようにしたいのです。いつくしみは祝宴なのです。

いつくしみ深いこの神は、「怒るに遅い」とも告げられています。それは文字どおり、「息が長い」こと、すなわち辛抱と忍耐力でゆっくり呼吸をしておられるということです。神は待つことを心得ておられます。神の時間は、人間の性急な時間とは違います。神は、待つすべを知っている賢い農夫のように、毒麦が混ざっていても、よい種が育つまで待っておられるのです（マタイ13・24―30参照）。

最後に、主はご自分が「いつくしみとまことに満ちている」と宣言なさいます。なんとすばらしい神の説明でしょうか。ここにすべてがあります。神は偉大で力あるかたですから、その偉大さと力が、あまりにも小さく無力なわたしたちにまで愛をあふれさせるのです。ここで使われている「いつくしみ」ということばは、情愛、恵み、優しさを指しています。メロドラマの愛とは違います。それは、踏み出す愛、人間の功績に対する褒美ではなく、見返りを求めない深い思いからの愛です。それは、何ものも、罪にも阻むことのできない神の気遣いです。それは罪を打ち負かし、悪を克服し、ゆるすからです。

モーセに対する神の啓示の最後のことばは「まことに満ち」です。神のまことが欠けることは決してありません。なぜなら主は、詩編作者がいうように、わたしたちをいのちに導くために、まどろむことなく、ずっと寝ずにわたしたちを見守っておられる守護者だからです。

「どうか、主があなたを助けて
　足がよろめかないようにし
まどろむことなく見守ってくださるように。
見よ、イスラエルを見守るかたは
　まどろむことなく、眠ることもない。
（……）
主がすべての災いを遠ざけて
あなたを見守り、
　あなたの魂を見守ってくださるように。
あなたの出《い》で立つのも帰るのも

主が身守ってくださるように。

今も、そしてとこしえに」（詩編121・3―4、7―8）。

いつくしみ深い神は、ご自分のいつくしみに忠実です。聖パウロにすばらしいことばがあります。――わたしたちが誠実（fedele）でなくても、キリストはつねに真実（fedele）であられる。キリストはご自身を否むことができないからである（訳注：二テモテ2・13）。いつくしみをもって忠実であるということが、まさに神のあり方です。だからこそ、神は全面的にどんなときでも信頼できるかたなのです。堅く揺るぎないかたです。これがわたしたちの信仰の確信です。したがって、このいつくしみの特別聖年では、神に自らを完全にゆだね、その「あわれみ深く恵みに富む神、忍耐強く、いつくしみとまことに満ちた神」に愛される喜びを味わいましょう。


（二〇一六年一月十三日、パウロ六世ホールにて）

神は叫びを聞き、契約を結ばれた

親愛なる兄弟姉妹の皆さん、おはようございます。

聖書には、イスラエルの民の歴史を通しての神のいつくしみが存在します。ヨセフとその兄弟たちの物語で明かされるように、主はいつくしみをもって父祖たちの旅に寄り添い、子に恵まれない者にも子を授け、恵みと和解の道へと導いてくださいます（創世記37～50章参照）。わたしは、家族で疎遠になり口をきくこともない兄弟姉妹のことを気にかけています。このいつくしみの特別聖年は、彼らが再会し、抱き合い、ゆるし合い、嫌な記憶を葬り去るのによい機会となります。さてそれでも、ご存じのようにエジプトでの生活は、民にとって厳しいものでした。主が介入なさり、救いのわざを行われるのは、まさに、イスラエルの民がくじけそうになったときです。

出エジプト記には、次のように記されています。「それから長い年月がたち、エジプト王は死んだ。その間イスラエルの人々は労働のゆえにうめき、叫んだ。労働のゆえに助けを求める彼らの叫び声は神に届いた。神はその嘆きを聞き、アブラハム、イサク、ヤコブとの契約を思い起こされた。神はイスラエルの人々を顧み、み心に留められた」（2・23―25）。あわれみの心は、抑圧された人の苦しみや、暴力の被害者、奴隷に貶《おとし》められている人、死刑を宣告された人の叫び、それらを前にして無関心でないられないのです。これは、いつの時代も、今この時代にも見られる痛ましい現実です。そうした状況を前にして、わたしたちはしばしば自分の無力を感じ、心をかたくなにしてほかのことを考える誘惑に駆られます。しかし、神は「無関心ではありません」（二〇一六年「世界平和の日教皇メッセージ」1）し、人間の苦しみから決して目をそらすことはありません。いつくしみ深い神は、貧しい人、絶望の嘆きを発する人にこたえ、手をかけてくださいます。神は、苦しみのうめきを聞こう、虐げられている人に尽くそうと、彼らを起き上がらせて、耳をそばだてて動いてくださいます。

こうして、民を解放するための仲介者であるモーセの物語が始まります。モーセはファラオとじかに会い、イスラエルの民を去らせるよう王を説得します。そして、紅海や荒れ野を越えて、イスラエルの民を自由へと導きます。生まれて間もなくに、ナイル河での死から神のいつくしみによって救われたモーセが、民を自由の身にして紅海の大波から救うことで、そのいつくしみの仲介者となります。いつくしみの特別聖年にあたる今年、わたしたちもまたそばに行って、なぐさめ、一致をもたらすための慈善のわざを行うことで、いつくしみの仲介者となる働きができます。皆さんにできるよいことがたくさんあるはずです。

神のいつくしみはつねに、救うために動きます。それは、人を殺すことばかりへと向かう行動、たとえば戦争をしかけるような行動とは正反対のものです。主は、ご自分のしもべであるモーセを通して、イスラエルの民をわが子のように荒れ野の中で導き、信仰へと教え導き、その民と契約を結び、父と子、花嫁と花婿の間のような、強い愛のきずなを結んでくださいます。

神のいつくしみは、それほどまでになるのです。神は、特別で、独占的で、優遇する、愛の関係を提案してくださいます。神は契約についてモーセに教えるにあたり、次のように語っておられます。「今、もしわたしの声に聞き従い、わたしの契約を守るならば、あなたたちはすべての民の間にあって、わたしの宝となる。世界はすべてわたしのものである。あなたたちは、わたしにとって祭司の王国、聖なる国民となる」（出エジプト19・5―6）。

もちろん、神が創造されたのですから、すでに地上のすべては神のものです。しかし神にとって、この民は他とは異なる、特別なものになっています。神殿建設のためにささげたとダビデ王がいった、「自分の財産である金や銀」のようなものです。神ゆえにわたしたちは、神との契約を受け入れ、神による救いに身を任せることで、そのようになるのです。主のいつくしみは、人間を神のものである個人資産のように大切なものにします。神はそれを大切に扱い、めでるのです。

このように、神のいつくしみはすばらしいものです。それは主イエスのうちに、イエスの御血によって完成する「新しい永遠の契約」のうちに充満に達します。御血は、ゆるすことによってわたしたちの罪を消し去り、わたしたちを、優しくいつくしみ深い御父の手にある大切な宝石のように、決定的に神の子にします（一ヨハネ3・1参照）。ほかのだれでもなくわたしたちが神の子であって、受け継いでいるこの遺産――優しさといつくしみ――を手にできるのであれば、わたしたちもまた、この聖年を通していつくしみを示す行いができるよう主に願いましょう。御父がわたしたちに示してくださったいつくしみの遺産である慈善のわざを携え、あらゆる人のもとに行くために、心を開きましょう。

（二〇一六年一月二十七日、サンピエトロ広場にて）

いつくしみと正義

親愛なる兄弟姉妹の皆さん、おはようございます。

聖書は神を、無限のいつくしみであるばかりか、完全な正義としても示しています。この二つはどう両立するのでしょうか。いつくしみの現実を正義の要求にどのように結びつけたらよいのでしょうか。両者は一見相反するように思えますが、実はそうではありません。真の正義を全うするのは、ほかでもなく神のいつくしみだからです。ではそれは、どのような正義なのでしょうか。

正義（訳注：義を下すという〝裁き〟のこと）の司法的執行をイメージすると、権利侵害の被害者と自認する人が法廷で裁判官に詰め寄り、判決を下す（正義が行われる）よう求める姿が思い浮かびます。それは、与えられて当然のものを各自が得るべきだという原理に従い、罪のある人を刑罰に処する因果応報の正義です。箴言で記されているのと同様のことです。「慈善はいのちへの確かな道。悪を追求する者は死に至る」（11・19）。イエスもまた、「相手を裁いて、わたしを守ってください」（ルカ18・3）と裁判官に何度も頼むやもめのたとえ話でそのことを語っておられます。

しかしながら、この道ではまだ真の正義には至りません。それだと悪を実際に打ち負かすのではなく、ただ抑え込むだけだからです。そうではなく、善をもって悪に対処することだけが、真に悪に打ち勝つのです。

ですから義をなすにはもう一つの方法、歩むべき目抜き通りとして聖書が記す正義の行使があります。正義に反した者を回心へと導き、悪を犯していると悟れるよう、裁きに訴えるのではなく、被害者がその人の良心に訴えて、直接向き合えるようにする道です。それによってその人は、最後には悔いて自らの過ちを認めることになり、被害を受けた側が差し出すゆるしに対して自分の心を開くことができます。何が悪かったのかをしっかりと理解してから、自らに差し出されるゆるしに向けて心を開く――、それはすばらしいことです。これは、傷つけられた側が罪を犯した人を愛していて、互いを結ぶきずなを守りたいと望んでいるような、家庭内、夫婦間、親子間での対立を解決する方法です。そのかかわりを、そのきずなを断ち切ってはなりません。

確かにこれは難しい道のりです。自分を傷つけた人をゆるし、その人の幸せと救いが望めるよう、不正を受けて傷ついた側の心の準備が必要になります。それでも、そうすることによってのみ、正義が勝利するのです。罪ある人が、犯した悪行を認めてそれをやめたならば、それは、悪が去り、正義に反した人が義の人となるということです。その人がゆるされ、善の道を再び見いだすよう助けられるからです。これこそが、ゆるしといつくしみなのです。

これが、神のわたしたち罪人に対する接し方です。主はたえずゆるしを差し出してくださり、わたしたちがそのゆるしを受け入れて解放されるようにと、自分の悪い行いに気づけるよう助けてくださいます。神が望んでおられるのは、わたしたちを糾弾することではなく、わたしたちの救いだからです。神はだれをも非難したくないのです。皆さんの中には、こう尋ねる人もいるかもしれません。「しかし神父様、ピラトは有罪とされてしかるべきではないでしょうか。神もそう望まれたのではないですか」。違います。神はピラトもユダも、すべての人をお救いになりたいのです。いつくしみ深い主は、すべての人を救いたいと望んでおられるのです。問題は、わたしたちが自分の心の中に主を迎え入れられるかどうかです。預言者たちのことばはどれも、わたしたちの回心を求める、愛に満ちた切なる願いです。主は預言者エゼキエルを通してこう語っておられます。「わたしは悪人の死を喜ぶだろうか。……むしろ、悪人がその道から立ち帰って生きることを喜ぶのではないだろうか」（18・23。33・11参照）。

これが、神がお喜びになることです。

そしてこれが神のみ心です。ご自分の子らを愛し、彼らが善と正義をもって生き、そうして充実して幸せに生きてほしいと願っておられる御父のみ心です。ご自分のいつくしみの境界のない地平へとわたしたちを解き放つために、わたしたちがもつ正義のちっぽけな概念のはるか先を行く、御父のみ心です。その罪に応じてわたしたちに接するのでもなく、わたしたちの過ち次第で報いを与えるのでもない、御父のみ心です。詩編に記されているとおりです（103・9―10）。御父のみ心とはまさしく、わたしたちが告解場に行って会おうとしている司祭の心のことです。おそらくその司祭は、わたしたちが罪をよりよく理解することを助けようとして話をするでしょう。ともかくわたしたち皆が告解場に会いにいくのは、自分の生き方を変えるのを助けてくれる司祭、進み続けるための力をくれる司祭、神のみ名においてゆるしを授ける司祭です。ですから、聴罪司祭であることには重い責任があるのです。その司祭に会いに来るあの人もこの人も、ひたすら司祭に会いたいと願っているからです。そして、告解場におられる司祭の皆さんは、いつくしみをもって正義を行う御父に代わって、そこにいるのです。

（二〇一六年二月三日、サンピエトロ広場にて）

聖書におけるヨベルの年――正義と共有

親愛なる兄弟姉妹の皆さん、おはようございます。よい四旬節を過ごせますように。

灰の水曜日に一般謁見があるというのは、ふさわしく意義深いことです。四旬節の歩みが始まりますので、今日は、「ヨベルの年（聖年）」という古代の制度について考えたいと思います。聖書で証言されている古来のものです。イスラエルの民の宗教生活と社会生活の頂点としてそれを示しているレビ記において、その詳細を見ることができます。

五十年ごとの「贖罪日に」（レビ25・9）、すべての人に対する主のいつくしみが祈願されると、角笛の音《ね》が解放という偉大な出来事を告げました。レビ記には実にこう記されています。「この五十年目の年を聖別し、全住民に解放の宣言をする。それが、ヨベルの年である。あなたたちはおのおのその先祖伝来の所有地に帰り、家族のもとに帰る。……ヨベルの年には、おのおのその所有地の返却を受ける」（25・10、13）。

この規定によれば、自分の土地や家を売ることを余儀なくされた者でも、ヨベルの年にその所有権を取り戻すことができました。また負債を抱え、それを払うことができず、貸し主に仕えることを余儀なくされた者も、その負債は無償で家族のもとに払い戻され、自分の財産をすべて取り戻すことができました。

それは、すべての人が元の状態に戻ることを許され、債務が帳消しになり、土地が返却され、神の民に属する者が自らの自由を再び手にすることのできる、「恩赦《おんしゃ》」のようなものでした。貧困や不平等と闘い、すべての人に尊厳のある暮らしを保障し、生活し糧を得るための土地を公正に分配するヨベルの年のような規定は、「聖なる」民のものです。中心となる理念は、土地はもともと神のものであって、それが人間にゆだねられている（創世記1・28―29参照）のだから、その土地を独占して不公平な状況を作ることはだれにもできないというものです。ですから今日、これを考え、何度も振り返ってみるべきです。各自心の中で、自分は多く持ち過ぎていないか考えてみましょう。そうであれば、ではなぜ、もたざる人にそれを譲らないのでしょう。一パーセントでも五パーセントでもよいのです。聖霊が皆さん一人ひとりを導いてくださいますように。

ヨベルの年には、貧しくなっていた人には生活に必要なものが戻され、裕福になっていた人は貧しい人に、その人から取り上げたものを返しました。目標とするのは公正と連帯に基づく社会で、現代のように一部の人だけではなく（これは間違っていないですよね）、すべての人のために、自由と土地、金銭が、再びよい状態を取り戻した社会です。だいたいの数字なので怪しいのですが、人類の資産のおよそ八〇パーセントを、全体の二〇パーセント以下の人で手にしています。わたしたちの救いの歴史を振り返りながら申し上げますが、回心の時が聖年です。回心により、わたしたちの心が広く寛大になり、より愛をもってもっと神の子らしくなるためです。一つ申し上げます。財布に手をつけない聖年なら、それは真の聖年ではないのです。お分かりになりますか。現教皇がこれを編み出したわけではなく、このことは聖書に書いてあります。先ほど申し上げたように、目標とするのは、自由、土地、金銭が、一部の人ではなくすべての人に役立つものとなるような、公正と連帯に基礎を置く社会です。事実ヨベルの年の役割は、相互協力によって築かれた目に見える友愛を生きられるよう人々を助けることでした。聖書における聖年は、「いつくしみの聖年」であるといえます。困窮している兄弟姉妹の幸せを心から願って過ごしていたからです。

これと同じ方針で神の民の生活を統治する制度やおきては、ほかにもあります。人間のいつくしみを通して、主のいつくしみを受けるためです。そのような規範の中には、今日でも通用し、考えさせられるような指示もあります。たとえば、聖書にある律法は、礼拝をつかさどる祭司であるレビ人、土地をもたない人、貧しい人、孤児、寡婦のために「十分の一」の拠出を命じています（申命記14・22—29参照）。収穫や他の労働による収入の十分の一を、後ろ盾がなく困窮している人に差し出し、すべての人が兄弟姉妹として振る舞う一つの民族の中に、それなりに公平な状態を作り出すためです。

「初物」に関するおきてもあります。どんなものでしょうか。最初に収穫したもの、もっとも価値あるものは、レビ人や寄留者に分け与えることになっていました（申命記18・4—5、26・1—11参照）。そうすれば土地をもたない人にとっても、大地がいのちと糧の源となるのです。「土地はわたしのものであり、あなたたちはわたしの土地に寄留し、滞在するものにすぎない」（レビ25・23）。わたしたちは皆、天の故郷を探し求めている主の客人であり（ヘブライ11・13—16、一ペトロ2・11参照）、自分たちを受け入れている世界を住みやすく人間らしいものにするよう招かれています。富める者は、より多くの「初物」を貧しい人に差し出すことができます。なんと多くの初物でしょうか。初物は、畑の実りにだけでなく、あらゆる労働の産物、給料にも、貯金にも、所有していながら時には無駄にしている実に多くのものにもあります。これは現代でも起きていることです。教皇慈善活動室には、少額のお金を同封した手紙がたくさん届きます。「これはわたしの収入の一部です。人々のためにお役立てください」。これはすばらしいことです。他の人々、慈善団体、病院、介護施設などを助けること、また外国から来た人や寄留者など、よその人を支えることはすばらしいことです。イエスもエジプトでは寄留者だったのです。

こうした考えのもとに、聖書は、卑しく計算したり法外な利益をむさぼることなく、寛大な心で負債の返還を求めるよう繰り返し勧告しています。「もし同胞が貧しく、自分で生計を立てることができないときは、寄留者ないし滞在者を助けるようにその人を助け、ともに生活できるようにしなさい。あなたはその人から利子も利息も取ってはならない。あなたの神をおそれ、同胞があなたとともに生きられるようにしなさい。その人に金や食糧を貸す場合、利子や利息を取ってはならない」（レビ25・35―37）。この戒めはいつの時代にも当てはまります。どれほど多くの家族が路上にいるか、暴利の犠牲となって……。どうか祈ってください。この聖年を通して、わたしたちすべての者の心から、もっと欲しいという願望、暴利を求める心を、主が取り去ってくださいますように。わたしたちが寛大で広い心を取り戻すことができますように。暴利をむさぼる状況を、どれほど見ていることでしょう。そのために家族がどれほど苦しみ、どれほど悩んでいるでしょうか。手立てを失い、失望して、救いの手が届かないまま——利子を払うよう迫る手が伸びてきただけで——、多くの人が失意のうちに自ら死を選ばざるをえない状況が、なんと多いことでしょう。暴利は重大な罪、神から見て罪となると叫び訴えられるほどの重大な罪です。しかし主は、手を広げて寛大に与える者にはご自分の祝福を約束しておられます（申命記15・10参照）。主は倍にして与えてくださいます。主は倍にして——お金ではなく別のものでしょうが、いつでも倍にしてくださるのです。

兄弟姉妹の皆さん、聖書のメッセージはきわめて明確です。勇気をもって分け与えることを始めてください。それがいつくしみです。神からのいつくしみを願うなら、自分たちから始めることです。同じ国民どうしで、家族の中で、民族の中で、大陸の上で、そのような行動を始めましょう。そういうことです。貧しい人のいない世界を実現するために尽力することは、差別のない社会、もっているものを分かち合うことにつながる連帯に基づく社会、兄弟愛と正義のもとに、手にした富を分配する社会を築くことなのです。ありがとうございます。

（二〇一六年二月十日、サンピエトロ広場にて）

いつくしみと権力

親愛なる兄弟姉妹の皆さん、おはようございます。

聖書に見る、いつくしみについての講話を続けます。さまざまな箇所で、権力者、王、「高台」に着く者、傲慢で権力を濫用する者のことが語られています。富と権力は、正義と愛をもって貧しい人と万人のために使われるならば、共通善のために役立つよいものになりえます。ところが、よくあることですが、それが身勝手で横暴な特権となると、腐敗と死の道具に姿を変えてしまいます。そうしたことは、列王記上の21章で描かれているナボトのぶどう畑の物語でも起きています。今日はこの箇所について考えましょう。

話のあらましはこうです。イスラエルの王アハブは、宮殿のすぐ隣にあるので、ナボトという名の男のぶどう園を購入しようとしています。その申し出は正当で、寛大ささえ感じられるものですが、イスラエルでは、土地の所有権は事実上、譲渡できないものと考えられています。事実レビ記には、「土地はわたしのものであり、あなたたちはわたしの土地に寄留し、滞在する者にすぎない」（25・23）と記されています。土地は主のたまものであり、聖なるものです。そのようにして、土地は世代を超えて受け継がれ、すべての人の尊厳を保障する、神の祝福のしるしとして大切に守られるべきものなのです。そのため、ナボトが「先祖から伝わる嗣業《しぎょう》の土地を譲ることなど、主にかけてわたしにはできません」（列王記上21・3）といって王の申し出を断わったのも納得できます。

アハブ王はそのように断られ、機嫌を損ねて腹を立てます。彼は、自分は王であり権力者であるのに、侮辱されて王としての権威を見くびられ、所有したいという欲求が満たされないことにいら立ち、気を悪くします。彼の妻イゼベルは夫が落胆しているのを見て、口を出すことにしました。イゼベルは、偶像崇拝を推奨し、主の預言者を殺した異教徒の女王です（列王記上18・4参照）。彼女は単なる嫌な女などではありません。悪人です。王にいったことばがとても重要です。この女の裏の悪意が分かりますか。「今イスラエルを支配しているのはあなたです。起きて食事をし、元気を出してください。わたしがイズレエルの人ナボトのぶどう畑を手に入れてあげましょう」（列王記上21・7）。彼女は、ナボトから断られたことで、王の威信と力が問われていると力説します。彼女の考える、王の威信と力です。それどころか、彼女が絶対だと思うもの、それをもって強力な王のあらゆる望みが秩序となるものである力です。偉大なる聖アンブロジオは、この話に関する短い本を著しました。『ナボトの物語』（訳注：邦訳は『原典古代キリスト教思想史（3）ラテン教父』教文館、二〇〇一年、所載）という本です。この四句節に読むといいでしょう。とても美しく、実に具体的です。

イエスはこれらのことを思い起こしつつ、わたしたちに語ります。「あなたがたも知っているように、異邦人の間では支配者たちが民を支配し、偉い人たちが権力を振るっている。しかし、あなたがたの間では、そうであってはならない。あなたがたの中で偉くなりたい者は、皆に仕える者になり、いちばん上になりたい者は、皆のしもべになりなさい」（マタイ20・25―27）。人がこの仕えるという部分をなくしてしまうと、力は尊大さに姿を変え、支配や権力濫用となってしまいます。それがまさに、ナボトのぶどう畑の出来事です。王女イゼベルは無謀にもナボトを抹殺しようと、計画に取りかかります。彼女は腹黒く合法を装い、王の名を語って町の長老と貴族に手紙を送り、偽りの証人を立ててナボトが神と王とを呪ったと告訴するよう命じます。それは死に値する犯罪です。こうしてナボトは死に、王はぶどう畑を手に入れます。これは昔話ではなく、現代の話でもあります。より多くの金銭を得るために、貧しい人から搾取し、人を利用する権力者の話です。権力者を富ませるための、人身売買、奴隷労働、そして最低の賃金で非合法に働く貧しい人たちの話です。もっと、もっと、もっと、がめつく欲しがる腐敗した政治家の話です。だからこそわたしは、ナボトについての聖アンブロジオの本を読むよう勧めたのです。それは現代にも通用するからです。そこでは、いのちを大切にすることもなく、正義もなく、いつくしみもなく、権力が行使されています。それは権力への渇望になるものです。その渇きは、すべてを自分のものにしたがる強欲となります。これについて、預言者イザヤのことばが詳しく明かしてくれます。そこでは主が、家や畑をさらに所有したいと望む裕福な地主の強欲を戒めます。

「災いだ、家に家を連ね、畑に畑を加える者は。
お前たちは余地を残さぬまでに
この地を独り占めにしている」（イザヤ5・8）。

預言者イザヤは共産主義者ではありません。しかしながら、神は、悪よりも、人間の汚いたくらみよりも、ずっと偉大なかたです。そのいつくしみをもって、アハブ王の回心を助けるために預言者エリアを遣わします。ここで、ページをめくりましょう。この話はどうなるのでしょうか。神はこの罪をご覧になり、それからアハブ王の心の

いつくしみ　54
扉をたたきます。王は目の前に置かれた自分の罪を理解し、へりくだってゆるしを請います。現代の強力な搾取者がこのようであったならば、すばらしいでしょうに。主は彼の悔い改めを認めてくださいます。しかしながら、罪のない者が殺されてしまいました。犯した罪は避けられない結果をもたらします。犯された悪は実際に痛ましい傷跡を残し、人間の歴史はその痛みを負い続けるのです。

ここでもまたいつくしみが、通るべき目抜き通りを示してくれます。いつくしみは傷をいやし、歴史を変えることができます。あなたの心をいつくしみに向けて開いてください。神のいつくしみは人間の罪より強大です。アハブ王の例でも分かるように、神のいつくしみはずっと強力です。ご自分のゆるしによって悪を打ち負かすために人となられた、罪のない御子の到来を思い起こせば、その力が分かります。イエス・キリストこそまことの王です。しかしその力はまったく別のものです。イエスの王座は十字架です。イエスはいのちを奪うのではなく、反対に、いのちを与える王です。それはすべてに、とりわけ、もっとも弱い人、孤独に打ちのめされている人、そして罪がもたらす死の運命にまで及びます。イエス・キリストは、親しく優しさをもって、罪人を恵みとゆるしの場へと導いてくださいます。それが神のいつくしみなのです。

（二〇一六年二月二十四日、サンピエトロ広場にて）

いつくしみと回心

親愛なる兄弟姉妹の皆さん、おはようございます。

神のいつくしみについて語るとき、わたしたちはしばしば家庭の父親の姿、子どもたちをいつくしみ、助け、気遣い、ゆるしてくれる、お父さんを思い起こします。父親として、子どもたちが間違ったときには、立派に育つよう励ましながら、教え、心を改めさせます。

それは、イザヤ書1章に描かれている神の姿です。愛情深くとも、細やかで厳しくもある父として、主はイスラエルに対し、その不義と堕落をとがめ、正しい道に連れ戻そうと語ります。次のようにです。

「天よ聞け、地よ耳を傾けよ、主が語られる。

わたしは子らを育てて大きくした。

しかし、彼らはわたしに背いた。

牛は飼い主を知り
ろばは主人の飼い葉桶を知っている。
しかし、イスラエルは知らず
わたしの民は見分けない」(1・2―3)。

神は、預言者を通して、育てたにもかかわらず今や子に裏切られて落胆した父親の嘆きをもって語ります。動物でさえ主人に忠実で、育ててくれた手を覚えている。それなのに民はもはや神を認めず、神を分かろうともしないと。傷つきながらも、神は愛に語らせて、道を踏み外してしまったこの子どもたちが、回心して再び愛を受け入れるようにと、彼らの良心に訴えます。これこそ神のなさることです。わたしたちの神であるおかたからわたしたちが愛してもらえるように、神はわたしたちに会いに来てくださるのです。

預言者が、神とその民との間の契約に基づく関係を語る際、しばしば引き合いに出す父子の関係が、ゆがんでしまっています。親が負う教育の務めは、自由に育てながらも、責任を担うことを教え、自分たちと他の人に役に立つことを目指します。ところが罪のために自由が、自分の思うままにするという思い上がりとなってしまい、思い上がることで正反対の自己充足の錯覚に陥ります。

だから、神はご自分の民を叱責します。「お前たちは道を誤った」。優しく、そして厳しく、「わたしの民」といいます。神は決してわたしたちを拒んだりはしません。わたしたちをご自分のものではないとすることは決してありません。わたしたちは神の民だからです。どんなに悪い男でも、どんなに悪い女でも、どんなに悪い民でも、神の子どもなのです。神はそのようなかたです。神は決して、決して、わたしたちをご自分の子ではないとはいわれません。いつでも「おいで、子どもたち」といってくださいます。これが、わたしたちの御父の愛です。神のいつくしみです。御父がそのようなお父さんであることは、希望を与え、信頼という心強さを与えます。このようなきずなは、すべてのものが御父の愛からもたらされる贈り物であることを心に置いて、信頼と従順をもって味わうべきです。そうでなければ、虚栄心や愚行、偶像崇拝が生じるでしょう。

だからここで預言者は、イスラエルの民が自らの過ちの重さを認識できるよう、厳しいことばで彼らに直接語りかけているのです。

「災いだ、罪を犯す国、……堕落した子らは。
彼らは主を捨て
イスラエルの聖なるかたを侮《あなど》り、背を向けた」（4節）。

罪の結果が苦しみであり、その結果による損害を国が被り、シオン、すなわちエルサレムが、およそ人が住むような町ではなくなるまでに退廃して荒れ果てるのです。神を拒み、神が父であることを拒むところでは、いのちはもはや永らえず、存在はその根源を失い、すべては劣化でゆがみ、無のごとくに映ります。しかしこうした痛ましいときでさえも、救いの展望のうちにあるのです。試練は、神を捨てる者のつらさを味わい、それから、死を選ぶような恐ろしい虚無感に襲われるとはどういうことかを知るために与えられるものです。自滅的な決断の必然的帰結である苦しみは、罪人が回心とゆるしに開かれているということを考えさせるはずです。

神はわたしたちを過ちに応じてあしらわれるのではない（詩編103・10参照）――、これが神のいつくしみです。罰は反省を促す道具となります。それによってはっきりと理解できるようになるのは、神はご自分の民をおゆるしになること、すべてを砕くのではなくすべてに恵みを注いでくださること、それどころか、いつでも希望への扉を開いたままにしてくださっているということです。救いには、耳を傾け、回心する決意が伴いますが、それでも、救いはいつも無償で与えられる贈り物です。だから主は、ご自分のいつくしみを通して、儀礼としてのいけにえを手段とするのではなく、むしろ正義を手段とする道を示しておられます。礼拝儀礼それ自体が不必要なものだとして非難されているのではなく、礼拝が回心の表現ではなくて、回心の代用にされようとしていることが指摘されているのです。そうなるとそれは、自らの正当性を求めるようになり、罪をゆるす神のいつくしみではなく、救いに必要なのはいけにえだといい誤った確信を生み出すのです。そのことをよく理解するための例ですが、人は病気になると医者に行き、自分が罪人であると感じると、主のもとに行きます。医者の代わりに祈祷師のところに行ったって治りはしません。わたしたちは、主のもとに行かずに、主から外れた、弁明、裁き、安らぎを求めて誤った道を進みたがってばかりいます。神は――預言者イザヤがいうように――、雄牛や小羊の血を喜ばれません（イザヤ1・11参照）。それが、兄弟たちの血で汚れた手によってささげられるならばなおさらです（同15節参照）。わたしは、「教会のために寄付をお受け取りください」といって、搾取され、虐待され、隷属労働を強いられたあまりに多くの人の血と、彼らの低賃金によって生み出された寄付をもってやって来るような、教会の支援家のことを考えます。そうした人たちに、わたしはこういいます。「どうぞその小切手を持ち帰って燃やしてください」。神の民である教会には、汚れたお金は要りません。必要なのは、神のいつくしみに開かれた心です。悪を退け、よいこと、正義を行い、清い手にして神に近づくことです。預言者イザヤの締めくくりのことばは見事です。

「悪い行いをわたしの目の前から取り除け。
悪を行うことをやめ
善を行うことを学び
裁きをどこまでも実行して
搾取する者を懲《こ》らし、孤児の権利を守り
やもめの訴えを弁護せよ」(16―17節)。

欧州に上陸したのに、行き場のない多くの難民のことを考えてください。ここで主はいっておられます。たとえお前たちの罪が緋《ひ》のようでも、雪のように白く、羊の毛のように真っ白になることができる。そして、人々は大地の実りを食べ、平和に暮らすことができるだろうと(18―19節参照)。

ゆるしの奇跡とは、父として神が、ご自分の民にゆるしを与えたいと望んでおられるということです。神のいつくしみは、すべての人に差し出されています。ですから預言者イザヤのこれらのことばは、神の子として生きるよう招かれたわたしたち皆に、今日でもなお当てはまるものなのです。

(二〇一六年三月二日、サンピエトロ広場にて)

いつくしみと慰め

親愛なる兄弟姉妹の皆さん、おはようございます。

エレミヤ書の30章と31章は、「慰めの書」と呼ばれています。神のいつくしみが、神のいやしの力として全面的に示され、傷ついた人々の心を希望へと開くことが、そこには記されているからです。今日はわたしたちも、この慰めの知らせを聞きたいと思います。

預言者エレミヤは異国の地に追放されたイスラエルに向けて語り、彼らが祖国に再び戻れると予告します。この帰還は、ご自分の子らを決して見捨てることなく、大切に面倒を見て守り救ってくださる御父、神の無限の愛のしるしです。捕囚の体験は、イスラエルにとって悲惨なものでした。彼らの信仰は揺らいでいました。神殿もなく、礼拝することもできない異国の地で、祖国の滅亡を目にしなければならなかった後に、主のいつくしみを信じ続けることは困難でした。すさまじい迫害と破壊の後に、品位と信仰をもって立ち上がった、隣国アルバニア共和国のことがわたしの頭をよぎります。捕囚の地にあったイスラエルは、あのような苦しみを受けていたのです。

わたしたちも、捕囚のような経験をすることがたびたびあります。孤独、苦しみ、死によって、自分が神から見捨てられたように思えるときです。「神はわたしをお忘れになった」ということばを、何度耳にしたことでしょう。苦しみ、打ち捨てられたと感じている人の声です。それなのにまだ、この時代にあってもなお、なんと多くの兄弟姉妹が、故郷から遠く離れ、捕囚状態を実際に悲惨に潜り抜けなければならないのでしょうか。自分たちの家ががれきとなった光景がその目に今も焼きついたまま、恐怖は胸からぬぐえずに、悲しくも多くの人が愛する人の死を悶《もだ》え苦しんでいます。このような状態にあっては、こんな声が聞こえてきます。「どこに神がいるんだ」。罪のない人たちに、罪のない子どもたちに、こんなにもたくさんの苦しみを与えるなどありえない」。そして彼らは、ほかの場所から入国しようとしても、扉は閉ざされています。そこに、国境に、彼らはいます。それほどまでに多くの扉が、これほどまでにたくさんの心が閉ざされているためです。寒さに耐え、食べ物もなく、入れてもらえずにいる現代の移動者たちは、歓迎されていないのです。わたしは、国々が、指導者が、心を開き扉を開いていることを見聞きすると、本当にうれしくなります。

預言者エレミヤは、わたしたちに第一のこたえを示しています。捕囚民は、故郷を見て、主のいつくしみを身をもって味わうために帰還することができます。これは、すばらしい慰めの知らせです。だから、現代の悲惨な状況においても、神は不在ではないのです。神はそばにいてくださり、ご自分を信頼する人々のために、救いという大いなるわざを行っておられます。わたしたちは絶望に打ちのめされることなく、確信し続けなければなりません。善は悪に打ち勝ち、主はどんな涙をもぬぐってくださって、わたしたちを恐れから解放してくださる——、その確信を持ち続けるのです。それゆえエレミヤは、ご自分の民に対する神の愛のことばを、自身の声で伝えます。

「わたしは、とこしえの愛をもってあなたを愛し
変わることなくいつくしみを注ぐ。
おとめイスラエルよ
再び、わたしはあなたを固く建てる。
再び、あなたは太鼓をかかえ、
楽を奏する人々とともに踊り出る」（エレミヤ31・3—4）。

主は忠実なかたで、苦悩させたままではおきません。神は限りない愛をもって愛してくださいます。罪ですら、その愛を抑えることはできません。その神のおかげで、

人の心は喜びと慰めで満たされるのです。
祖国に戻るという慰めに満ちた夢は、エルサレムに帰るはずの民に向かって預言者エレミヤが述べたことばを通して、こう続きます。
「彼らは喜び歌いながらシオンの丘に来て
主の恵みに向かって流れをなして来る。
彼らは穀物、酒、オリーブ油
羊、牛を受け
その魂は潤う園のようになり
再び衰えることはない」（同31・12）。
喜びと感謝をもって、捕囚の民はシオンに戻り、神の家に向けて聖なる山を登ります。こうして、彼らは自分たちを解放してくださった主に、再び賛美と祈りをささげるのです。エルサレムへのこの帰還とその恵みは、字義どおりには「流れる」という意味である動詞によって記されています。矛盾する動きですが、丘の頂上へと戻っていくことで、民はシオンの丘の上に向かって流れる、増水した川とみなされます。それは、主のいつくしみの偉大さを伝える明確なイメージです。
民が去らなければならなかった土地は、敵国に奪い取られ、荒廃していました。でも今、その地は再びいのちを吹き返し、花開きます。捕囚の民もまた、水がまかれた庭、肥沃《ひよく》な土地のようになるといわれています。彼らの主によって祖国へと導かれたイスラエルは、死に対するいのちの勝利、のろいに対する祝福の勝利にあずかります。

こうして民は、神によって力づけられ、慰めを得るのです。慰めを得た——、このことばが重要です。帰還した人々は、彼らを無償で潤してくれる泉からいのちを受けるのです。

そのときに、預言者はあふれる喜びを告げ、神のみ名をもって再び宣言します。

「わたしは彼らの嘆きを喜びに変え

彼らを慰め、悲しみに代えて喜び祝わせる」（同31・13）。

この賛歌は、彼らが故郷に帰るとき、その唇からは微笑みがこぼれると伝えています。なんと大きな喜びでしょう。それは主が、回心と和解をもたらすご自分のゆるしをもって、わたしたち一人ひとりに与えたいと望んでおられるたまものでもあるのです。

預言者エレミヤは、回心した心に与えられる慰めの見事な象徴として、捕囚民の帰還を描き、わたしたちにメッセージを伝えました。主イエスは、ご自分の務めとして、預言者のこのメッセージを完成させました。捕囚からの真の完全な帰還と、信仰の揺らぎという闇の後に訪れる慰めの光は、神の愛、つまり喜びと平和と永遠のいのちをもたらすいつくしみの愛を、完全に決定的に体験することを通して、復活祭に経験するのです。

（二〇一六年三月十六日、サンピエトロ広場にて）

いつくしみの聖年における聖なる過越の三日間

親愛なる兄弟姉妹の皆さん、おはようございます。

神のいつくしみについての考察は、今日、聖なる過越の三日間について切り込みます。これから、わたしたちが信仰の大いなる神秘――主イエス・キリストの復活――に、よりいっそう深く入っていけるようにしてくれる、集中的な期間である聖木曜日、聖金曜日、聖土曜日を迎えます。この三日間のすべてのことが、いつくしみを語っています。神の愛の注ぎを目に見える形で表しているからです。わたしたちは、イエスの生涯の最後の日々の物語を聞きます。福音記者ヨハネが、その奥深い意味を理解する鍵を与えてくれます。「世にいる弟子たちを愛して、このうえなく愛し抜かれた」(ヨハネ13・1)。神の愛には限りがありません。聖アウグスティヌスが繰り返し述べているように、それは、「限りのない、極みにまで達する」愛です。神はご自分のすべてを、わたしたち一人ひとりのために真にささげ尽くします。この聖週間にわたしたたちがあがめる神秘は、阻むものを知らない愛の偉大な歴史です。イエスの受難は世の終わりまで続きます。主の受難はすべての人の苦しみを共有する出来事であり、一人ひとりの生活の移ろいの中で、いつでも存在しているものだからです。つまり、聖なる過越の三日間は劇的な愛についての記念です。その愛は、試練にあっても決して見捨てられることはないと、わたしたちに確信させてくれるのです。

聖木曜日にイエスは聖体を制定し、ゴルゴタでご自分がいけにえとなることについて、過越の晩餐の席で前もって伝えました。そして、ご自分を生かしている愛を弟子たちに理解させるために、彼らの足を洗い、彼らがこれからどう行動すべきかの模範を、あらためて直接示しました。聖体は、奉仕となる愛です。世の困難にあってもあかしの道を歩めるように、すべての人を、中でもいちばん弱い人を養いたいと願う、キリストの圧倒的な現存です。そればかりではありません。ご自分を糧としてわたしたちに与えることでイエスが訴えるのは、この糧を裂いて他の人と分かち合うことで、それが困窮している人との真のいのちの交わりとなるということです。イエスはわたしたちにご自身をお与えになり、同じように行うためにイエスのうちにとどまるよう、わたしたちに求めておられます。

聖金曜日は、愛が頂点に達する時です。全世界を救うために十字架上で御父にささげられたイエスの死は、限りのない極みにまで達する愛を表しています。一人も残さず、すべての人を抱きしめようとする愛です。すべての時間とあらゆる場所をも超えて、広がる愛です。罪人であるわたしたち一人ひとりの救いの、尽きることのない源です。神はイエスの死をもって究極の愛をお示しになったのですから、わたしたちもまた、聖霊によって新しいいのちを受け、互いに愛し合うことができますし、そうしなければなりません。

最後の聖土曜日は、神の沈黙の日です。沈黙の日でなければなりませんから、わたしたちもできるかぎりのことをして、当時そうだったように、この日を真に沈黙の日としなければなりません。神の沈黙の日なのです。墓に横たえられたイエスは、死の悲劇をすべての人と分かち合っています。それは、ずっと見捨てられてきた人々との連帯として、愛を語り、表明する沈黙です。御父である神の限りないいつくしみだけが満たすことのできる空虚さを埋めるために、神の独り子が来てくださいます。神は沈黙しておられますが、それは愛によるものです。この日、愛――この沈黙の愛――は、復活のいのちへの希望となります。聖土曜日について考えてみましょう。復活を静かに待ち望んでおられた、「信者の模範」である聖母の沈黙について考えるのがよいでしょう。わたしたちにとって、聖母は聖土曜日を表す像です。聖母が、期待のうちに、あの聖土曜日をどのように過ごしたのか、じっくり考えましょう。それは疑うことのない愛であり、復活の日に明らかになり光り輝くだろうと、主のことばに希望を置く愛なのです。

これはひたすら、愛といつくしみの大いなる神秘です。これを表現しきるには、わたしたちのことばはつたなく、十分ではありません。あまり知られていない人ですが、キリストの愛についての優れた著作を残した、ある若い女性の経験を知ることが助けとなるでしょう。彼女の名前は、ノリッジのジュリアンです。ラテン語の教育は受けていませんでしたが、イエスの受難の幻視《ヴィジョン》を得て後、隠遁修道女となったこの女性は、いつくしみ深い愛の意味を、簡素でありながらも深く力強いことばで表現しました。このように書かれています。「そののち、われらが主がお尋ねになりました。『われがなんじのために苦しんだことに、なんじは十分満足しておるや、否や』と。わたしは、『はい、よき主よ。感謝いたします。もちろんです、よき主よ。あなた様が祝福されますように』と、申し上げました。すると、われらの優しき主であるイエスがいわれました。『なんじが満足であらば、われも満足なり。なんじのためにわれが受難を耐え忍んだことは、わが喜び、至福、尽きることなき歓喜なり。そして、われがさらに苦しむことが可能であらば、喜んでもっと苦しもうぞ』」（『神の愛の啓示――ノリッジのジュリアン』内桶真二訳、大学教育出版、二〇一一年)。これがわたしたちのイエスです。イエスはわたしたち一人ひとりに「もっと苦しむことができるなら、あなたのために喜んでもっと苦しむのに」といってくださるのです。

なんと美しいことばでしょう。こうしたことばによって、主がわたしたち一人ひとりに抱いておられる果てしなく広く限りなく深い愛を真に理解することができます。わたしたちのもとに届けられる、このいつくしみに包まれましょう。そして、主の受難と死を見つめるこの数日の間は、聖土曜日の聖母のように、沈黙をもって、復活を待ち望みながら、大いなる主の愛を心に迎えましょう。

(二〇一六年三月二十三日、サンピエトロ広場にて)

罪を消し去るいつくしみ

親愛なる兄弟姉妹の皆さん、おはようございます。

今日、旧約聖書におけるいつくしみに関する講話を、「ミゼレーレ（あわれみの嘆願）」とも呼ばれる詩編51についての考察で締めくくります。この詩編は、悔い改めの祈りです。この祈りの中では、ゆるしの嘆願は罪の告白から始まり、主の愛によって清くされようとすることで、祈る者は従順で強い心をもち、心から賛美することができる新しいものとなります。

古代ユダヤ教の伝承がこの詩編に記した「表題」は、ダビデ王と、彼がヘト人ウリヤの妻であるバト・シェバとの関係において犯した罪に言及しています。わたしたちはこの物語をよく知っています。民を養い、神の律法に忠実に従う道へ導くよう神から求められていたダビデ王は、その使命を裏切り、バト・シェバと姦通した後に彼女の夫を殺しました。なんとひどい罪でしょう。預言者ナタンはダビデ王にその罪を示し、王がその罪を認めるのを助けます。これは、自らの罪を告白しての、神との和解の時です。そのときのダビデは謙虚で偉大でした。

この詩編で祈る人は、ダビデが生き方を改めたときに感じたのと同じ、自責の念と神への信頼をもつよう招かれています。ダビデは王でありながらも、臆《おく》することなく自らの罪を告白して謙虚にへり下り、主の前にあっては自分が小さな者であることを示しましたが、まぎれもなく主のいつくしみが注がれると確信していました。彼が犯したのは、些細《ささい》な間違いやちょっとした嘘をつくことではなく、姦通と殺人であったのにです。

詩編は次の嘆願のことばで始まります。

「神よ、わたしをあわれんでください
　御いつくしみをもって。
深い御あわれみをもって、
　背《そむ》きの罪をぬぐってください。
わたしのとがをことごとく洗い
罪から清めてください」（3―4節）。

この祈りはいつくしみ深い神に向けられています。父母の愛のように深い愛に動かされてあわれんでくださり、優しさと思いやりをもって助けるご自分の姿を示し、いつくしみを示してくださるよう、つまり恵みを与えてくださるよう願っています。それは、罪から人を解放することができる唯一のかたである神に対する切なる願いです。ここでは、ぬぐう、洗う、清めるといった、非常に具体的な表現が用いられています。この祈りでは、人間が本当に必要としているものが明らかにされています。人生において唯一真に必要なのは、ゆるされること、悪とその結果である死から解放されることだけです。不幸なことに、人生ではそうした状況にしばしば遭遇します。その際には、何よりもまず、いつくしみへの信頼をもたなければなりません。神はわたしたちの罪に、はるかに勝るかたです。それを忘れないようにしましょう。神はわたしたちの罪にはるかに勝るかたです。「神父様、わたしは口に出せないようなひどい罪を犯してしまいました」。神はわたしたちが犯したどんな罪よりも、はるかに強大なかたです。神はわたしたちの罪に、はるかに勝るかたです。声に出していってみましょう。ご一緒に。「神はわたしたちの罪に、はるかに勝るかた」。もう一度。「神はわたしたちの罪に、はるかに勝るかた」。もう一度。「神はわたしたちの罪に、はるかに勝るかた」。神の愛は、打ちのめされるような不安なしにわたしたちが浸れる大海です。神にとってゆるすということは、決してわたしたちをお見捨てにはならないことを、わたしたちに確信させることです。わたしたちがやましさを覚えることがあっても、神はつねにあらゆるものよりも大きなかたです（一ヨハネ3・20参照）。神はわたしたちの罪に勝る、はるかに強大なかただからです。

この意味で、この詩編で祈る人は、だれもがゆるしを願い求め、自らの罪を告白し、実際にその罪を認めることで、神の正義と聖性を祝います。そして、恵みといつくしみを願います。詩編作者は神のいつくしみを信頼しており、神のゆるしにははかりしれない力があることを知っています。神がいわれるとおりになるからです。神は罪を見えなくするのではなく、罪を破壊し、消し去ってくださいます。しかも、根こそぎ取り去ってくださいます。神はわたしたちの罪を、根底からすべて消し去ってくださいます。まったく違います。クリーニング店がスーツのしみを抜くのとは違います。

こうして、悔い改めた人は再び清くされます。あらゆる汚れが消し去られ、今や新雪よりも真っ白です。わたしたちは皆、罪人です。そうですね。自分が罪人ではないと思う人は手を挙げてください。いませんね。わたしたちは皆、罪人なのです。

わたしたち罪人は、ゆるされることによって、霊とあふれる喜びに満たされ、新しいものになります。そして、わたしたちの前に新しい現実が開けます。新しい心、新しい霊、新しい人生です。神の恵みを受け、ゆるされた罪人であるわたしたちは、それ以上罪を犯さないようにと人に教えることもできます。「でも神父様、わたしは弱く、何度も倒れてしまいます」。「倒れてしまったら、起き上がり、立ち上がってください」。子どもは転んだらどうしますか。起き上がるのを助けてもらおうと、お母さんお父さんに手を伸ばします。わたしたちも同じようにしましょう。弱さのために罪に倒れてしまったら、手を伸ばしてください。そうすれば主がその手を取って、起き上がるのを助けてくださいます。これが神のゆるしによる尊厳です。神のゆるしによってわたしたちに与えられる尊厳とは、わたしたちが起き上がって、自分の足で立つことです。神は、人間を自分の足で立つ者としてお造りになったからです。

詩編作者はいいます。

「神よ、わたしの内に清い心を創造し
新しく確かな霊を授けてください。
（……）
わたしはあなたの道を教えます
　あなたに背いている者に
罪人がみもとに立ち帰るように」（12、15節）。

兄弟姉妹の皆さん。神のゆるしこそ、わたしたち皆が必要としているものであり、神のいつくしみのもっとも大いなるしるしです。それは、ゆるされた罪人一人ひとりが、自分たちが出会う兄弟姉妹と分かち合うよう招かれているたまものです。家族、友人、同僚、小教区の人たちなど、主がわたしたちのそばに置いてくださったすべての人が、わたしたちと同じく神のいつくしみを必要としています。ゆるされることはすばらしいことですが、ゆるされたいならば、あなたもまたゆるしてください。ゆるすことです。いつくしみの母であるマリアの取り次ぎを通して、主がわたしたちをご自分のゆるしのあかし人にしてくださいますように。主のゆるしは、わたしたちの心を清め、人生を変えるのです。ありがとうございます。

（二〇一六年三月三十日、サンピエトロ広場にて）

いつくしみの福音

親愛なる兄弟姉妹の皆さん、おはようございます。

これまでは旧約聖書における神のいつくしみについて考察してきましたが、今日からは、イエスがそれをどのように完成させたかについて、じっくり考えていこうと思います。イエスが、ご自分の地上での生活の一瞬一瞬を通して明らかにし、実現し、伝えた、いつくしみです。群衆と交わり、福音を告げ知らせ、病人をいやし、隅に追いやられている人に寄り添い、罪人をゆるすことによって、イエスはすべての人に開かれた愛を、目に見える形にしました。その愛はだれをも除外しません。境界線を設けることなく、すべての人に開かれています。愛そのもの、無償で完全な愛です。十字架上のいけにえにおいて頂点に達する愛です。そうです。福音は実に「いつくしみの福音」です。イエスはいつくしみだからです。

四つの福音書のどれもが、イエスは公生活に入られる前に、洗礼者ヨハネから洗礼を受けることを望まれたと証言しています（マタイ3・13―17、マルコ1・9―11、ルカ3・21―22、ヨハネ1・29―34）。この出来事は、キリストの使命全体に決定的な方向づけをなしています。事実キリストは、神殿の輝きの中でこの世に自らを現すこともできましたが、そうはなさいませんでした。キリストは、角笛の音《ね》とともにご自分のことを告知することもできましたが、そうはなさいませんでした。また、裁判官の法衣をまとって登場することもできましたが、そうはなさいませんでした。それどころか、三十年の間ナザレでひっそりと暮らした後、ご自分の民である大勢の人と連れ立ってヨルダン川に行き、皆と一緒に罪人の列に加わったのです。キリストはそのことを恥じてはいませんでした。キリストは、皆と一緒に、罪人と一緒に、洗礼を受けるためにそこにおられました。このようにキリストは公生活の最初から、連帯とあわれみの思いに駆られ、人間の境遇を引き受けたメシアとしてご自分を現しました。ナザレの会堂で、ご自分をイザヤの預言に重ねて語られたとおりです。「主の霊がわたしの上におられる。貧しい人に福音を告げ知らせるために、主がわたしに油を注がれたからである。主がわたしを遣わされたのは、捕らわれている人に解放を、目の見えない人に視力の回復を告げ、圧迫されている人を自由にし、主の恵みの年を告げるためである」（ルカ4・18―19）。洗礼後にイエスが行ったすべてのことは、最初からの計画の実現です。すなわち、救いをもたらす神の愛をすべての人に届けることです。イエスは憎しみでも敵意でもなく、わたしたちに愛をもたらしてくださいました。大いなる愛、わたしたち皆に、すべての人に開かれた心です。救いをもたらす愛です。

イエスは、もっとも隅に追いやられた人々の隣人となり、神のいつくしみを彼らに伝えました。神のいつくしみはゆるしであり、喜びであり、新しいいのちです。御父から遣わされた御子であるイエスは、まさに、全人類にとってのいつくしみの時の真の始まりです。ヨルダン川の岸辺にいた人々は、イエスの行いの意味をすぐには理解できませんでした。洗礼者ヨハネ自身、イエスの決断に驚いています（マタイ3・14参照）。しかし、天におられる御父は違います。御父は天からご自分の声を響かせます。「あなたはわたしの愛する子、わたしの心にかなう者」（マルコ1・11）。こうして御父は、聖霊を鳩のような姿で降《くだ》らせて、御子がメシアとしてたどる道に確証を与えました。このように、救いが神のいつくしみの実りであることをすべての人に伝えつつ、イエスのみ心は、御父のみ心と聖霊のみ心との交わりの中で、いわば同じ鼓動を刻んでいるのです。

わたしたちは、十字架につけられたイエスに目を向けることで、この愛の大いなる神秘をよりはっきり見据えることができます。わたしたち罪人のために死ぬ直前に、この罪のないかたは御父に願います。「父よ、彼らをおゆるしください。自分が何をしているのか知らないのです」（ルカ23・34）。イエスが、世の罪を神のいつくしみに差し出したのは十字架の上でにほかなりません。それはすべての人の罪であり、わたしの罪、あなたの罪、皆さんの罪です。そこ、十字架上で、イエスはすべての罪を御父に差し出します。そして世の罪とともに、わたしたち皆の罪がすべて消し去られるのです。いけにえとしてのイエスのこの祈りから取り残されるものは何一つなく、除外される人はだれもいません。ですからわたしたちは、自分が罪人であることを認め、告白することを恐れてはなりません。わたしたちは、「この人は罪人だよ。あの人はあれもしたし、これもしたし……」と何度も口にして人を裁きます。それではあなたはどうでしょうか。それぞれが自分の心に問うべきです。「そうだ。あの人は罪人だけれど、わたしはどうだろう」。わたしたちは皆罪人ですが、皆ゆるされています。わたしたちは皆、神のいつくしみであるこのゆるしを受ける機会を手にしています。ですから、自分を罪人だと認め、罪人だと告白するのを恐れることはありません。十字架上の御子が、あらゆる罪を担ってくださったからです。イエスに自らをゆだねて、悔い改めながらそれを告白するとき、わたしたちはゆるされていると確信します。ゆるしの秘跡は、十字架から流れ出て、イエスがわたしたちをあがなったいつくしみの恵みを生活の中で新たにするゆるしの力を、一人ひとりにとって現実のものとしてくれます。自分の弱さを心配してはなりません。だれもが弱さを抱えています。十字架にかけられたかたの愛の力を阻むものはなく、それは決して尽きることがありません。しかもこのいつくしみが、わたしたちの弱さを消し去るのです。

友である皆さん。この聖年に、福音の力を体験する恵みを神に願い求めましょう。いつくしみの福音は、わたしたちを作り変え、神のみ心に加えてくれ、ゆるせるようして、もっと優しい心で世界を見ることができるようにしてくれます。十字架につけられ、復活したキリストの福音を受け入れるなら、わたしたちの全生涯は、すべてを新たにしてくださるキリストの愛によって形づくられるでしょう。

（二〇一六年四月六日、サンピエトロ広場にて）

わたしが求めるのはあわれみであって、いけにえではない（マタイ9・13）

親愛なる兄弟姉妹の皆さん、おはようございます。

わたしたちは先ほど、マタイの召し出しの福音を聞きました。マタイは「徴税人」、つまりローマ帝国に代わり収税する人なので、公然の罪人と考えられていました。ところがイエスは彼を、ご自分に従って歩み、弟子になるよう招きます。マタイはその招きを受け入れ、イエスと弟子たちを自宅の夕食に誘います。その際、イエスが徴税人や罪人と食卓をともにすることについて、ファリサイ派の人々とイエスの弟子たちの間で議論が持ち上がります。「こんな人たちの家に行くなどありえない」とファリサイ派の人々はいいました。ところがイエスは、そうした人から離れず、それどころかたびたび彼らの家を訪れて傍らに座ります。このことが意味するのは、彼らもまたイエスの弟子になれるのだということです。また、キリスト者になることで、わたしたちが完全無欠になるのではないということも事実です。徴税人マタイのように、わたしたちは皆、罪を抱えながらも、主の恵みにすがっています。わたしたちは皆罪人であり、わたしたち皆に罪があります。マタイを召し出すことでイエスが罪人に示しているのは、彼らの過去や社会的地位、表面的な慣習をご覧になるのではなく、それよりも彼らに、新しい未来を開いてくださるということです。「過去のない聖人はいないし、未来のない罪人もいない」というすばらしいことばを、以前聞いたことがあります。これは、イエスのしておられることと同じです。過去のない聖人はいませんし、未来のない罪人もいないのです。謙虚でまっすぐな心で招きにこたえるだけです。教会は完璧な人の集団ではなく、主に従って旅を続ける弟子たちの共同体です。弟子たちは自分自身が罪人であり、イエスのゆるしを必要としていることを知っているからです。このように、キリスト者の生活は、神の恵みに向けてわたしたちを開いてくれる謙虚さを身に着ける学びやなのです。

自分が「正しく」、人よりも立派だと思っている傲慢な人には、こうした態度は理解できません。傲慢さと思い上がりによって、人は自分が救いを必要としていることに気づけなくなるばかりか、神のいつくしみ深いみ顔を見ること、いつくしみをもって行動することの妨げともなります。それらは壁です。傲慢さと思い上がりが壁となって、神との結びつきを阻んでいます。しかし、わたしたちの傷をいやし、愛をもってご自分に従うようわたしたちを招くために、わたしたち一人ひとりを探しに来られる――、まさにそれこそがイエスの使命です。イエスは「医者を必要とするのは、丈夫な人ではなく病人である」（マタイ9・12）と断言します。イエスはご自分を優れた医者として示しておられます。神のみ国を告げ知らせており、み国の到来のしるしははっきりしています。イエスは病を治し、恐れと死と悪から解放してくださいます。イエスの前から除外される罪人はいません。どんな罪人も除かれたりしません。神のいやしの力には、治すことのできない病はないからです。だからわたしたちは、主に来ていやしていただくことに信頼し心を開くのです。罪人をご自分の食卓に招くことで、イエスは彼らが失ってしまったと思っていた召命、ファリサイ派の人々が忘れてしまった召命、つまり神の祝宴の客人になるという召命を取り戻し、彼らをいやしてくださいます。イザヤの預言にあるとおりです。「万軍の主はこの山で祝宴を開き、すべての民によい肉と古い酒を供される。それは脂肪に富むよい肉とえり抜きの酒。その日には、人はいう。見よ、このかたこそわたしたちの神。わたしたちは待ち望んでいた。このかたがわたしたちを救ってくださる。このかたこそわたしたちが待ち望んでいた主。その救いを祝って喜び躍ろう」（イザヤ25・6、9）。

ファリサイ派の人々は、招かれた人の中の罪人だけを見て彼らと同席することを拒みますが、イエスはそれとは逆に、彼らもまた神の食卓をともにする人たちであることを思い起こさせます。このように、イエスとともに食卓に着くことは、イエスによって変えられ、救われることを意味します。キリスト教共同体の中でイエスの食卓は二重になっています。ことばの食卓と聖体の食卓です（『神の啓示に関する教義憲章』21参照）。これらの食卓は薬です。医者である神は、それを用いてわたしたちをいやし、養ってくださいます。最初のもの――みことば――によって、神はご自分を明かし、友人どうしのような語らいにわたしたちを招きます。イエスは恐れずに、罪人、徴税人、娼婦といった人たちと話をしました。まったく、恐れてなどいませんでした。すべての人を愛しておられたのですから。イエスのことばはメスのようにわたしたちを貫き、人生に潜む悪からわたしたちを解放するために手術をします。みことばでしばしば痛むのは、それが偽善や偽りの弁解、隠された真実を暴くからです。けれどもそれと同時に、みことばはわたしたちを照らし、清め、力づけ、希望を与えてくれる、信仰の旅には欠かせない栄養剤でもあります。他方で聖体は、強力な治療薬として、イエスのいのちそのものによってわたしたちを養い、神秘的な方法で、洗礼の恵みをたえず新たにしてくれます。聖体に近づくことによって、わたしたちはイエスの御からだと御血で養われ、しかも聖体がわたしたちの中に入ることで、イエスはご自分のからだとわたしたちとを結んでくださいます。

ファリサイ派の人々との会話の終わりに、イエスは預言者ホセアのことば（6・6）を人々に思い起こさせます。「『わたしが求めるのはあわれみであって、いけにえではない』とはどういう意味か、行って学びなさい」（マタイ9・13）。イスラエルの民に対して預言者ホセアは、その口にする祈りが空虚で支離滅裂であったので、彼らをしかります。神との契約といつくしみがあるにもかかわらず、民は主の命令をしっかり守らずに、「見せかけだけの」信仰の深さをもって生きることも少なくありませんでした。預言者ホセアが、「わたしが求めるのはあわれみ」だと執拗に訴える理由はそこにあります。あわれみ――、すなわち、自らの罪を認め、悔い改め、神との契約に忠実に立ち帰る誠実な心です。「いけにえではない」。悔い改める心がなければ、宗教的行為はどれも無意味なのです。イエスは、この預言者のことばを人間関係にも当てはめます。そのファリサイ派の人々は形式的にはとても敬虔でしたが、彼らは徴税人や罪人と食卓をともにしようとはしませんでした。彼らは、悔い改めの機会とそれによるいやしの機会に気づかずにいて、またいつくしみを最優先にはしませんでした。そして律法には忠実でも、神のみ心を知らないでいることをさらけ出していました。

まるで、親から贈り物の包みをもらっても、それを開けて中身を出すこともせずに、包装紙だけを見ている人のようです。外側だけ、形だけで、恵みという与えられた贈り物の核心を見ないのです。

親愛なる兄弟姉妹の皆さん。わたしたちは皆、主の食卓に招かれています。その招きを自分自身に対するものとして受け止め、主の弟子たちとともに主の傍らに座りましょう。彼ら一人ひとりをいつくしみをもって気遣い、ともに食卓に招かれた者だということを知りましょう。わたしたちは皆、イエスのなぐさめのことばを身をもって知り、それを生きるべき弟子です。わたしたちは皆、神のいつくしみによって養われる必要があります。わたしたちの救いは、その泉からわき出ているからです。ありがとうございます。

（二〇一六年四月十三日、サンピエトロ広場にて）

罪をゆるされた罪深い女の涙（ルカ7・36―50）

親愛なる兄弟姉妹の皆さん、おはようございます。

今日は、先ほど読まれたルカによる福音書によく表現されている、いつくしみの一側面についてしばし考えたいと思います。シモンという名のファリサイ派の人の家で客人となったときに、イエスに起きたことについてです。シモンは、偉大な預言者であるとの評判を耳にしたので、イエスを自宅に招きたいと申し出ました。彼らが食事の席に着くと、町中の人から罪人だとみなされている女が入ってきました。その人は、何もいわずにイエスの足元にかがんで、わっと泣き出しました。涙でイエスの足を濡らしたので、彼女は自分の髪でそれをぬぐい、イエスの足に接吻《せっぷん》して、もってきた香油を塗りました。

二人の人物、律法に熱心に従うシモンと、無名の罪深い女は対照的です。前者は外見で人を判断しますが、後者は行いをもって、自らの心をまっすぐに表します。シモンはイエスを招きはしましたが、自分の評判を落としたくはないし、自分の人生に師をかかわらせたいとも思っていません。それに対してこの女の人は、愛と敬意をもってイエスに完全に身をゆだねます。

ファリサイ派の人は、イエスがなぜ罪人からご自分を「汚される」ままでいるのかが分かりません。もしイエスが本当に預言者であるなら、罪人に気づいて、汚されないよう重い皮膚病の人のごとくに遠ざけるはずだと思っています。こうした姿勢は、ある種の宗教理解の典型で、神と罪とは決定的に相反しているという筋書きに基づいています。しかし神のことばは、罪と罪人を区別するようわたしたちに教えます。罪に対して妥協する必要はありませんが、罪人――わたしたち全員――は治療を必要としている病者のようなものであって、治療のためには医者がその人たちに近づき、診察し、触れる必要があります。そして当然ですが、病者が回復するためには、自分が医者を必要としていることを自覚しなければなりません。

ファリサイ派の人と罪深い女の間にあって、イエスは後者に味方します。イエスは、いつくしみの表出を妨げる偏見にとらわれずに、その女の人のなすがままになさいます。神の聖者であるイエスは、汚されることを恐れずに彼女が触れるに任せます。イエスはいつくしみ深い御父である神のすぐそばにおられるので、何にもとらわれていません。いつくしみ深い御父である神とのこの近しさにより、イエスには自由が与えられます。まさに、イエスは罪人と付き合うことにより、ファリサイ派の人やその同胞の民——彼女から搾取するのはこの人たちです——による情け容赦ない裁きで言い渡された孤立状態を終わらせます。「あなたの罪はゆるされた」（48節）。ようやく彼女は「安心して」歩めるようになります。主はこの女性の信仰と回心に表裏のないことをご覧になり、皆の前で宣言します。「あなたの信仰があなたを救った。安心して行きなさい」（50節）。一方は律法学者の偽善、他方はこの女性のまっすぐな心、慎ましさ、信仰。わたしたちは皆罪人なのに、偽善の誘惑に陥ることが何度もあります。自分は他者よりも優れていると信じて人に向かっていうのです。「自分の過ちに目を向けなさい」と。そうではなくわたしたちは皆、自分の罪、自分の欠点、過ちに目を向け、主を見つめるべきです。これこそが救いの道筋、すなわち、罪人である「わたし」と主との関係です。自分が正しいと思っているなら、この救いの関係は生まれません。

このとき、同席している人々はさらに大きな驚愕《きょうがく》に襲われます。「罪までゆるすこの人は、いったい何者だろう」（49節）。イエスははっきりとは答えませんが、罪人が回心しているのはだれの目にも明らかで、そのことが、人の心を変えることのできる神のいつくしみの力がイエスのもとで輝くことを示しています。

この罪深い女は、信仰と愛と感謝が結びつくことをわたしたちに教えます。「多くの罪」をゆるされているこの女性は、それゆえに多く愛します。「ゆるされることの少ない者は、愛することも少ない」（47節）のです。シモン自身も、より多くの罪をゆるされた者がより多く愛することを認めざるをえません。神はすべての人を、いつくしみという同じ神秘で包んでくださいました。いつでもわたしたちに先んじているこの愛から、わたしたちは皆愛し方を学びます。聖パウロがいうとおりです。「わたしたちはこの御子において、その血によってあがなわれ、罪をゆるされました。これは、神の豊かな恵みによるものです。神はこの恵みをわたしたちの上にあふれさせ……てくださいました」（エフェソ1・7―8）。この箇所の「恵み」という表現は、ほとんどいつくしみの同義語で、それはわたしたちの想像をことごとく超えるほど「豊かに」といわれています。わたしたち一人ひとりに対する神の救いの計画が実現するからです。

兄弟姉妹の皆さん。信仰のたまものの価値を認めましょう。大きな大きな、身に余るほどの愛を主に感謝しましょう。キリストの愛がわたしたちに注ぎ込まれるに任せましょう。その愛から、弟子はくみ上げ、その愛の上に自らの礎《いしずえ》を置きます。その愛を、それぞれが心ではぐくみ、成長させることができますように。今度はわたしたちが兄弟姉妹に注ぐ感謝の愛を通して、家庭の中で、家族の間に、社会で、主のいつくしみがすべての人に伝えられるのです。

（二〇一六年四月二十日、サンピエトロ広場にて）

行って、同じようにしなさい（ルカ10・25―37参照）

親愛なる兄弟姉妹の皆さん、おはようございます。

今日はよいサマリア人のたとえについて考えましょう（ルカ10・25―37参照）。律法の専門家が、イエスを試そうとして尋ねます。「先生、何をしたら、永遠のいのちを受け継ぐことができるでしょうか」（25節）。イエスはその質問に彼自身が答えるよう求め、その人は完璧に答えます。「心を尽くし、精神を尽くし、力を尽くし、思いを尽くして、あなたの神である主を愛しなさい、また、隣人を自分のように愛しなさい」（27節）。それを受けてイエスは、「それを実行しなさい。そうすればいのちが得られる」（28節）といわれます。

そしてこの男は深い別の質問をしますが、それはわたしたちにとって大切なものとなります。「では、わたしの隣人とはだれですか」（29節）。「親戚や同僚だろうか。それとも同じ宗教を信じる人だろうか」、そう彼は考えます。つまりこの人は、他者を

「隣人」と「隣人ではない人」に、「隣人になりうる人」と「隣人になりえない人」に区別する明確な基準を求めています。

するとイエスは、祭司、レビ人、そしてサマリア人が登場する、たとえ話でお答えになります。最初の二人は、神殿での祭儀にかかわる人です。三人目は、異邦人、異教徒、汚れた人と見られていた、正統派ユダヤ教徒ではないサマリア人です。エルサレムからエリコに続く道で、祭司とレビ人は半殺しにされた人に遭遇します。その人は追いはぎに襲われ、服をはぎ取られ、置き去りにされていました。主のおきては、このような状況ではその人を助ける義務を課していますが、両者とも立ち止まらずに通り過ぎます。足早に――。もしかすると祭司は時計を見て、こうつぶやいたかもしれません。「ミサに遅れてしまう。ミサをあげなくては」。もう一人は、こういったかもしれません。「律法で認められているのか分からない。血が流れていて自分が汚れてしまうかもしれないから……」。彼らは道の反対側を通り、その人に近づきません。このたとえは、ここで最初の教訓を示しています。神の家に通い、そのいつくしみを知る人が、至極当然に隣人への愛を身に着けているわけではありません。それは自動的なものではありません。聖書をすべて理解し、典礼規範を完全に覚え、神学がすべて分かっていたとしても、その知識から愛が自動的に生じるわけではありません。愛することには別の道があるのです。知性と、しかしそれとは別の何かが必要です。祭司とレビ人は、見ても無視します。見てはいるのに何もしません。隣人への奉仕として表れなければ、それはまことの信仰ではありません。忘れないでください。飢餓、暴力、不正義によってくたくたになった、こんなにも多くの人の苦しみを前に、わたしたちは傍観者でいてよいはずがないのです。人間の苦しみに対して見て見ぬふりをすることは、何なのでしょうか。それは、神を見ないふりをすることです。苦しむあの男性、あの女性、あの子、あのおじいさん、あのおばあさんに近づかなければ、それは神に近づかないということです。

さて、たとえ話の核心に入りましょう。サマリア人、つまり当人自身人から相手にされておらず何も期待されていなくとも、それでもともかく自分の用事、やるべきことのある人が傷ついた人を見たとき、神殿関係者のほかの二人のように通り過ぎるのではなく、「あわれに思い」（33節）ました。福音書に記されているように「あわれに思った」ということは、彼の心が、腹の底（訳注：はらわた）が動かされたということです。違いはここにあります。ほかの二人は「見る」のに、その心は閉ざされたまま、冷たいままでした。一方、サマリア人の心は、神のみ心と重なっていったのです。事実「あわれに思うこと」は、神のいつくしみの本質的特徴です。神はわたしたちをあわれんでおられます。つまりどういうことでしょうか。わたしたちとともに耐え、わたしたちの苦しみを感じておられるのです。あわれむ（compassione）とは「分かち合う（compatire con）」ことです。この動詞は、人間の苦しみを見て、はらわたが動かされ震えることを指します。よいサマリア人の姿勢と行いからわたしたちが気づかされるのは、救いの歴史全体にある神のあわれみ深いわざです。それは、主がわたしたち一人ひとりに会いに来られるときに抱いておられるあわれみと同じものです。神はわたしたちを見て見ないふりはなさいません。わたしたちの苦悩をご存じで、わたしたちがどれほど助けと慰めを必要としているかを知っておられます。神はわたしたちのそばに来られ、決して見捨てはしません。各自心の中で問いを発して答えてください。「わたしは信じているだろうか。こんなわたし、罪人であるわたし、多くの欠点や問題を抱えていても、主はわたしをあわれんでくださると信じているだろうか」。このことを考えてください。そしてその答えが「はい」でありますように。それぞれで、神のあわれみを、わたしたちに近づき、いやし、触れてくださる優しい神のあわれみを信じているかを、心に問わなければなりません。わたしたちが拒んでも、神は待っていてくださいます。神は忍耐強く、いつもわたしたちのそばにいてくださいます。

サマリア人の振る舞いには真のあわれみがあります。彼はその人の傷に包帯を巻き、その人を宿屋に連れていって自ら世話をし、介抱者の手配をしました。これらすべてのことは、あわれみや愛は、漠然とした思いではなく、身銭を切ってでも他者の面倒を見ることだと教えてくれます。それは、自分のことに思えるまでに他者に「近づく」ために必要なことを、すべて果たすことを意味します。「隣人を自分のように愛しなさい」。これが主の命令なのです。

たとえ話の締めくくりに、イエスは律法の専門家に聞き返します。「さて、あなたはこの三人の中で、だれが追いはぎに襲われた人の隣人になったと思うか」(36節)。答えはまったく明らかです。「その人を助けた人です」(37節)。たとえ話の初め、祭司とレビ人にとっての隣人は死にかけています。最後、隣人は寄り添ってくれたサマリア人でした。イエスは視点を逆転させています。見かけだけで、だれが隣人であり、だれがそうでないかを区別しないでください。皆さんは、だれであれ自分が出会う困窮している人の隣人になれます。そして心にあわれみがあるかどうか、すなわち、他者とともに苦しみを分かつ力があるかどうかが分かるのです。

わたしたち皆にとって、このたとえ話はすばらしい贈り物であると同時に、責務でもあります。イエスはわたしたち一人ひとりに、律法の専門家にいわれたことを繰り返しておられます。「行って、あなたも同じようにしなさい」(37節)。わたしたちは皆、キリストの姿であるよいサマリア人と同じ道をたどるよう招かれています。イエスはわたしたちのほうに身をかがめ、わたしたちのしもべとなり、そのようにしてわたしたちを救ってくださいます。だからこそわたしたちも、イエスがわたしたちを愛してくださったように愛することができるのです。

（二〇一六年四月二十七日、サンピエトロ広場にて）

見失われた小羊（ルカ15・1―7参照）

親愛なる兄弟姉妹の皆さん、おはようございます。

わたしたちは皆、見失った小羊を肩に担いだ、よい羊飼いの姿をよく知っています。はるか昔からこのイコンは、罪人に対するイエスの思いやりと、だれかがいなくなればいてもたってもいられなくなる神のいつくしみを表しています。イエスがこのたとえを語ったのは、ご自分が罪人のそばにいるのは非難されるようなことではなく、逆に、いかに信仰を生きるのかを真剣に考えるよう促すものだと分からせるためでした。この話は、一方では話を聞こうとイエスに近づく罪人たちに注目し、もう一方ではそうしたイエスの行動のためにイエスから遠ざかる疑い深い律法学者、おきての専門家に目を向けます。彼らはイエスが罪人に近づくので、イエスから離れていきます。彼らは高慢で、尊大で、自分が正しいと思っている人たちでした。

このたとえ話は、羊飼い、見失われた羊、残りの羊の群れという、三者をめぐって展開します。ですが行動をとるのは羊飼いだけで、羊ではありません。ですから羊飼いが唯一の真の主人公で、すべては彼次第です。たとえ話は問いかけで始まります。「あなたがたの中に、百匹の羊をもっている人がいて、その一匹を見失ったとすれば、九十九匹を野原に残して、見失った一匹を見つけ出すまで捜し回らないだろうか」（4節）。羊飼いの行動を信じられないと思わせる、逆説が重要です。たった一匹の羊のために、九十九匹の羊を置いていくのは賢明なことでしょうか。しかも、安全な囲いの中にではなく、野原に残していくのです。聖書の伝承によれば、その野原は食べ物も水もなかなか見つけられず、避難する場所もなく、野獣や追いはぎが闊歩《かっぽ》する死の場所です。無防備な九十九匹の羊はどうしたらよいのでしょう。それでも逆説は続きます。羊を見つけた羊飼いは、「その羊を担いで、家に帰り、友達や近所の人々を呼び集めて、『一緒に喜んでください』というであろう」（5―6節）。したがって羊飼いは、群れ全体を連れ戻しに野へ戻りはしなかったのでしょう。その一匹の羊に手を差し出すことで、残りの九十九匹の羊は忘れてしまったかのように思えます。しかし、実はそうではありません。イエスが示したかった教えはむしろ、いなくなってもしかたがない羊などいない、ということです。主は、たった一人の人を見失うことにも我慢がならないのです。神のわざとは、見失った子らを探しに出掛け、彼らが見つかったことを皆と喜び祝うものです。それは抑えることのできない願いです。九十九匹の羊でさえ、羊飼いを引き留め、囲いの中にとどめておくことはできません。このように言い訳することができたかもしれません。「損得を考えると、一匹を失っても九十九匹がいれば、まあ、大した損失ではない」。そうせずに、一匹を探しに出掛けるのは、主にとってもっとも大切なのは一匹一匹であり、その羊は、もっとも困窮し、見捨てられ、不要とされた羊であるからです。だからイエスは、その羊を探しに行かれるのです。わたしたちは皆、警告されています。罪人に対するあわれみは、神のわざに伴う姿勢であり、そのあわれみに対して、神は百パーセント忠実でおられます。何ものも、だれであろうとも、救いたいというみ心から神を引き離すことはできません。神は現代の使い捨て文化とは無縁です。神にはそれがいっさいありません。神はだれも不用にして捨てたりはなさいません。神はすべての人を愛し、皆を探しておられます。しかも、一人ひとりをです。神は「人を見捨てる」ということばを知りません。神はただただ愛であり、ひたすらいつくしみであられるからです。

　主の羊の群れは、ひたすら動き回っています。その群れは主を占有してはおらず、わたしたちの計画や作戦に主を封じ込んでいると思い込むことはできません。羊飼いは、迷っている羊がいるところにおられます。したがって主を探さなければならない場所は、おられるはずとわたしたちが思い込んでいる場所ではなく、主がわたしたちに会いたいと願っておられる場所なのです。羊飼いのいつくしみが通った道をたどるほかに、再び群れを集める方法はありません。主は、見失った羊を探しながら、群れが再び一つになるよう九十九匹を促しておられます。そうすれば、羊飼いに背負われている羊だけでなく群れ全体が、「友達や近所の人々」とともに祝うために羊飼いの後を追ってその家に向かうでしょう。

わたしたちは、このたとえ話についてたびたび考えるべきです。キリスト教共同体では、いつもだれかが欠けており、その人が居なくなると空白が残ります。それにより気力がくじかれ、それはやむをえない損失、打つ手のない病だと信じ込むようになります。それでわたしたちは、羊のにおいではなく柵の悪臭のする羊小屋の中に自分たちを封じ込めてしまう危険を犯します。キリスト者はどうでしょうか。わたしたちは閉じこもってはなりません。悪臭をこもらせてしまうからです。絶対にいけません。出向いて行かなければなりません。自分自身の中に、小さな共同体の中に、小教区の中に、「正しい」という思い込みの中に、閉じこもってはなりません。それは、他者との出会いへとわたしたちを導く宣教への熱意が欠けているときに起こります。イエスの目から見れば、完全に見失った羊はおらず、探し出さなければならない羊しかいません。しっかり理解する必要があります。神にとって、完全に見失われた人は存在しません。だれ一人です。最後の最後まで、神はわたしたちを探しておられるのです。悔い改めた盗賊のことを思い出してください（訳注：ルカ23・39―43参照）。イエスの目から見れば、完全に見失われた人など存在しないのです。ですからそのまなざしは、実に活動的で、開放的で、意欲的、創造的です。それが、兄弟愛の道を歩むために出て行くよう、わたしたちの背中を押します。どんなに遠く離れていても、羊飼いを遠ざけることはできません。また、どんな群れも、仲間の羊を一匹たりともあきらめたりはしません。見失った人を見つけることは、羊飼いの喜びであり、神の喜びでもありますが、群れ全体の喜びでもあります。わたしたちは皆、主のいつくしみによって見いだされ、集められた羊です。わたしたちは、群れ全体で主のもとに集まるよう招かれているのです。

（二〇一六年五月四日、サンピエトロ広場にて）

あわれみ深い御父（ルカ15・11—32参照）

親愛なる兄弟姉妹の皆さん、おはようございます。

今日のこの謁見は、二箇所で行われています。雨が降りそうなので、病者のかたはパウロ六世ホールにおられ、大画面中継でわたしたちと結ばれています。二箇所で行われていますが、一つの謁見です。パウロ六世ホールにいる病者のかたにあいさつしましょう。今日はあわれみ深い御父のたとえ話について考えます。これは、父と二人の息子をめぐる物語であり、神の限りないあわれみをわたしたちに理解させてくれます。

まず、御父の心の喜びが表れている最後の部分から始めましょう。父はいいます。「食べて祝おう。この息子は、死んでいたのに生き返り、いなくなっていたのに見つかったからだ」（23—24節）。父はこういって、弟のことばを遮りました。弟は「もう息子と呼ばれる資格はありません……」（19節）といって、自分の過ちを告白しかけたところでした。しかし、このことばは父には耐え難いもので、父は迷わずすぐに息子にその尊厳を取り戻してやり、よい服、指輪、履物を与えます。イエスは、「この償いはしてもらう」というような、むっと腹を立てた父親を描いてはいません。そうではなく、父親はその子を抱きしめ、愛をもって出迎えるのです。逆に父親が心に懸けることはたった一つで、自分の前に元気で無事に立つ息子を喜び祝うことです。放蕩息子を歓迎する場面は、感動的に描かれています。「まだ遠く離れていたのに、父親は息子を見つけて、あわれに思い、走り寄って首を抱き、接吻した」（20節）。なんと優しいのでしょう。遠く離れていたのに息子を見つける――、これは何を意味するのでしょう。父親はしょっちゅう外に出ては通りを眺め、息子が帰って来ないか見ていたということです。放蕩の限りを尽くした息子のほうは、自分を待っている父を見つけました。なんとすばらしい父親の優しさでしょう。父親のあわれみはあふれるほど豊かで無条件で、息子が話し出す前からもう、それはすでに示されています。もちろん、息子は自分が過ちを犯したことに気づき、認めます。「わたしは……罪を犯しました。……雇い人の一人にしてください」（18―19節）。ところがこのことばは、父親のゆるしの前に崩れ去ります。父親の抱擁と接吻により、彼は何があっても自分はずっと息子だと思われていたと悟ります。イエスのこの教えは、とても大切です。神の子であるわたしたちの身分は、御父のみ心の愛がもたらす実りです。わたしたちの功績や実績によるのではありませんから、だれもそれを奪うことはできません。悪魔にもできません。だれもこの尊厳を奪うことはできないのです。

イエスのこのことばは、決して絶望しないようわたしたちを力づけます。わたしは、危険な道へと外れていくわが子を見て心配する親たちについて考えます。また、自分の働きは無駄ではないかと思い悩むこともある、小教区の司祭やカテキスタのことを思います。それだけでなくわたしが思いをはせるのは、拘留され、自分の人生は終わったかのように思っている人たちのこと、過ちを犯し、未来を思い描くことのできない人たちのこと、あわれみとゆるしを請い求めながらも、自分にはその資格がないと思っている人たちのことなどです。人生のどんな状況においても、わたしは決して神の子どもであることをやめることはない、わたしを愛し、わたしの帰りを待っていてくださる御父の息子であることをやめてはならないと肝に銘じなければなりません。人生の中で最悪にひどい状況のときも、神はわたしを待っておられ、わたしを抱きしめたいと願い、わたしに期待しておられるのです。

このたとえ話には、もう一人の息子である兄も登場します。兄もまた、父親のあわれみに気づく必要があります。彼はずっと家にいたのに、父親とはこんなにも違います。彼のことばには優しさが欠けています。「このとおり、わたしは何年もあなた（訳注：新共同訳では「お父さん」）に仕えています。言いつけに背いたことは一度もありません。……ところが、あなたのあの息子が……帰って来ると……」（29―30節）。わたしたちはここにさげすみを感じます。兄は決して「お父さん」と呼ぶこともなく、決して「弟」ということもなく、自分のことだけを考えています。自分がずっと父親のもとにいて、父親に尽くしてきたことを自慢しています。けれども彼は、決して喜んで父親のそばにいたわけではありません。そして今度は、宴会をする際に自分のためには子山羊一匹くれなかったと、父親を責めます。かわいそうな父親。一方の息子は家を出て、もう一方も本当はまったくそばにいなかったのです。この父親の苦しみは、わたしたちが離れてしまったときの神の苦しみ、イエスの苦しみと同じです。その苦しみは、わたしたちが立ち去ったり、遠ざかったり、そばにはいても実存的には近くにいないときの苦しみです。

兄、彼にもまたあわれみが必要です。正しい人、自分のことを正しい人だと思っている人も、あわれみを必要としています。この兄は、何も見返りがないのに苦労する価値があるだろうかと考えるわたしたちを表しています。人が御父の家にいるのは、報酬を得るためではなく、責任を共有する子としての尊厳をもっているからであると、イエスは思い出させてくれます。それは、神と取引することではなく、十字架の上でご自分をささげ尽くしたイエスの後をたどることなのです。

「子よ、おまえはいつもわたしと一緒にいる。わたしのものは全部おまえのものだ。だが、おまえのあの弟は死んでいたのに生き返った。いなくなっていたのに見つかったのだ。祝宴を開いて楽しみ喜ぶのは当たり前ではないか」（31―32節）。そう御父は兄にいいます。御父の論理は、いつくしみの論理なのです。弟は、自分は罪のために罰を受けて当然だと思っていて、兄は、自分の奉仕が報われることを期待していました。兄弟二人は互いに話し合うこともなく、別々の生き方をしてきましたが、両者ともイエスとは違う論理のもとに考えています。よいことをすれば見返りを得、悪いことをすれば罰せられるという論理です。これはイエスの論理ではありません。違います。この論理は父親のことばによって退けられます。「おまえのあの弟は死んでいたのに生き返った。いなくなっていたのに見つかったのだ。祝宴を開いて楽しみ喜ぶのは当たり前ではないか」（32節）。父親は失っていた息子を取り戻したので、今度は兄に弟を返すこともできます。弟がいなければ、兄も「兄弟」ではなくなってしまいます。父親のもっとも大きな喜びは、自分の子どもたちが互いを兄弟と認め合うことなのです。

息子たちは、父親の喜びにあずかるか否かを、自分で決めることができます。彼らは自分が本当はどうしたいのか、どんな人生を送りたいのか、自問しなければなりません。このたとえ話は結末がないまま締めくくられます。兄がどう決断したのか、わたしたちには分かりません。そのことはわたしたちの励ましになります。わたしたちは皆、御父の家に入り、いつくしみと兄弟愛という御父の喜びと宴《うたげ》にあずかる必要があることを、この福音は教えているのです。兄弟姉妹の皆さん、「御父のようにいつくしみ深く」なるために、わたしたちの心を開こうではありませんか。

（二〇一六年五月十一日、サンピエトロ広場にて）

貧しさといつくしみ（ルカ16・19―31参照）

親愛なる兄弟姉妹の皆さん、おはようございます。

今日は皆さんと、金持ちと貧しいラザロのたとえを掘り下げてみたいと思います。この二人の人生は、平行した二本の線が続いているかのように見えます。彼らの境遇は正反対で、まったく接点がありません。金持ちの家の門は、金持ちの食卓から落ちるものを食べようとして、そこに横たわる貧しい人の前で閉ざされています。金持ちは上等な衣をまとっていますが、ラザロのからだは傷だらけです。金持ちは毎日ぜいたくに遊び暮らしていますが、ラザロは飢えて死んでしまいます。犬だけがラザロに構って、彼の傷をなめに来ます。この場面は、最後の審判での人の子の厳しい叱責を思い起こさせます。「お前たちは、わたしが飢えていたときに食べさせず、のどが渇いたときに飲ませず、……裸のときに着せなかった」（マタイ25・42―43）。ラザロは、あらゆる時代の貧しい人の声にならない叫びであり、同時に、莫大な富と資源がごく少数の人の手に握られている世界の矛盾をも示しています。

イエスが語っておられるように、やがてこの金持ちは死にます。貧しい人も金持ちも、死ぬという同じ運命にあります。わたしたちも皆同じで、例外はありません。そして金持ちはアブラハムのほうを向き、「父」（24、27節）と呼びかけて請い求めます（24、27節参照）。自分が彼の子であり、神の民の一員であると主張しているのです。しかし彼は生きている間、神にまったく思いを寄せず、むしろあらゆることの中心に自分を置き、ぜいたくで浪費的な自らの世界に閉じこもっていました。ラザロを締め出すときには、主のことも、主のおきても考えていませんでした。貧しい人をないがしろにすることは、神をあざけることなのです。このことをしっかり意識しなければなりません。貧しい人をないがしろにすることは、神へのあざけりなのです。このたとえには注目すべき点があります。それは、金持ちには名前がなく、ただの形容詞の「金持ち」でしかないのに、貧しい人の名前は五回も繰り返されていることです。「ラザロ」とは、「神は助ける」という意味です。門前に横たわるラザロは、神のことを思い起こすよう金持ちを促す生きた督促状ですが、金持ちはその呼びかけを受け付けません。したがって彼がとがめだてを受けるのは、その富によってではなく、ラザロにあわれみを覚えず、助けにも行かなかったからなのです。

たとえの後半には、死んだ後のラザロと金持ちが再び登場します（22―31節）。死後には、状況は逆転します。貧しいラザロは天使たちによって天にいるアブラハムのすぐそばに連れて行かれますが、逆に金持ちはさいなまれる中に陥っています。そのとき金持ちが「目を上げると、アブラハムとそのすぐそばにいるラザロとが、はるかかなたに見えた」のです。金持ちはラザロに初めて会ったかのようですが、その様子とは逆のことばを吐きます。「父アブラハムよ――そういっています――、わたしをあわれんでください。ラザロをよこして、指先を水に浸し、わたしの舌を冷やさせてください。わたしはこの炎の中でもだえ苦しんでいます」。金持ちは生きている間は見て見ぬふりをしていたのに、このときにはラザロを見つけて彼に助けを求めます。人は、貧しい人に対する見て見ぬふりを、どれほどしていることでしょう。彼らにとって、貧しい人はいないも同然です。以前は食卓の残飯すらラザロに与えなかったのに、今は水をもってくるように頼んでいるのです。彼はまだ、かつての自分の社会的身分に対する権利を主張できると思っています。アブラハムは、その要求を聞き入れることはかなわないと述べ、この話全体の鍵を自ら語ります。よいものと悪いものは地上の不正義を埋め合わせるように配分されること、また地上で金持ちと貧しい人の生活を隔てていた門は「大きな淵」に変わることを説明します。ラザロが家の外にいるかぎりは、金持ちにも、門を開いてラザロを助けることによって救われる可能性がありました。しかし今や両者は死に、状況は取り返しのつかないものとなりました。神は決して直接には呼びかけませんが、このたとえ話は明らかに次のように警告していいます。神のわたしたちに対するあわれみは、わたしたちの隣人に対するあわれみと結びついています。それが欠けていたり、わたしたちの心の中になければ、神はわたしたちの心に入ることはできません。もし、自分の心の扉を貧しい人々に向けて押し開かなければ、扉は閉ざされたままです。神への扉も閉ざされたままです。それは恐ろしいことです。

この時点で金持ちは、自分と同じ羽目になりそうな兄弟のことを考え、ラザロを現世に送って彼らに忠告してくれるよう願います。しかしアブラハムはこたえます。「おまえの兄弟たちにはモーセと預言者がいる。彼らに耳を傾けるがよい」。回心するためには、驚異的な出来事を待つ必要はなく、神と隣人を愛するようわたしたちに呼びかけておられる、神のことばに心を開かなければなりません。神のことばは、しおれた心をよみがえらせ、閉ざされたその心をいやすことができます。金持ちは神のことばを知ってはいましたが、それを自分の心には入れず、それに耳を傾けはしませんでした。それゆえ、目を開き、貧しい人にいつくしみを示すことができなかったのです。どんな使者やいかなるメッセージも、路上で出会う貧しい人の代わりにはなりません。貧しい人を通して、イエスご自身がわたしたちに会いに来られるからです。「わたしの兄弟であるこのもっとも小さい者の一人にしたのは、わたしにしてくれたことなのである」（マタイ25・40）とイエスはいわれます。たとえ話が描いている運命の逆転に、わたしたちの救いの神秘が隠れています。キリストはその神秘の中で貧しさといつくしみを結びつけておられるのです。兄弟姉妹の皆さん。この福音に耳を傾け、地上の貧しい人々と声を合わせて、マリアとともに、わたしたち皆で歌いましょう。「主は権力ある者をその座から引き降ろし、身分の低い者を高く上げ、飢えた人をよい物で満たし、富める者を空腹のまま追い返されます」（ルカ1・52―53）。

（二〇一六年五月十八日、サンピエトロ広場にて）

祈りはいつくしみの源（ルカ18・1―8参照）

親愛なる兄弟姉妹の皆さん、おはようございます。

先ほど聴いた福音（ルカ18・1―8参照）には、重要な教えが含まれています。「気を落とさずにたえず祈らなければならない」（1節）。ですから、気が向いたときにだけ祈るのではありません。そうではありません。イエスは「気を落とさずにたえず祈らなければならない」といわれます。それから、やもめと裁判官のたとえを話されます。裁判官は権力者であり、モーセの法のもとに裁判を行うよう求められていました。ですから聖書の伝統は、神をおそれる人、信頼に値する人、公平な人、清廉な人（出エジプト18・21参照）を裁判官にするよう勧めていました。それとは異なり、この裁判官は「神をおそれず人を人とも思わない」（2節）のです。彼は、不公正で倫理観に欠けた裁判官で、律法をないがしろにして自分勝手に思いのままに取り仕切っていました。やもめが公正に裁かれるかどうかは、この裁判官にかかっています。やもめは孤児や異邦人と並んで、社会の中でもっとも弱い立場の人です。律法のもとに彼女らに保障される権利は、すぐに無視されうるものでした。たった一人で弁護人もなく、ほとんど主張もできませんでした。哀れなやもめ――、そこに一人ぽつりと、だれも守ってくれずに、見て見ぬふりをされ、裁判さえ拒まれそうでした。それは孤児に対するのと同じ、外国人、移住者に対するのと同様のことで、当時は深刻な問題でした。裁判官の冷淡な態度に対して、やもめは自分の唯一の武器に訴えます。それは、裁判をしてほしいとしつこく迫ることでした。その粘り強さのおかげで、彼女は目的を果たします。実際に裁判官は、ある時点で聞き入れますが、それは彼の心があわれみによって突き動かされたからでも、良心が求めたからでもありません。彼はあっさり認めます。「あのやもめは、うるさくてかなわないから、彼女のために裁判をしてやろう。さもないと、ひっきりなしにやって来て、わたしをさんざんな目に遭わすに違いない」（5節）。

このたとえ話から、イエスは二つの結論を導いています。執拗に願い求めることによって、このやもめが不誠実な裁判官に自分の願いを聞き入れさせたのならば、優しく公正な父である神はなおさら、「昼も夜も叫び求めている選ばれた人たちのために裁きを行わずに、彼らをいつまでもほうっておかれることがあろうか」、「速やかに裁いてくださるであろう」（7―8節）。

それゆえイエスは、「うんざりせずに」祈るよう励ましているのです。わたしたちは皆、うんざりしたり、やる気が失せたりします。自分の祈りが聞き入れられないように思うときはなおさらです。しかし、イエスはわたしたちに保証してくださいます。不誠実な裁判官とは違い、神はご自分の子どもたちにすぐさまこたえてくださるのです。ただし必ずしも、わたしたちが望んでいるときに、望んだかたちでおこたえになるのではありません。祈りは魔法の杖《つえ》ではないのです。祈りは、神への信仰を守り続け、み旨が分からなくなったときも、神に自分自身を託せるようわたしたちを助けます。これについては、たくさん祈っておられたイエスご自身が模範です。ヘブライ人への手紙にあるとおりです。「キリストは、肉において生きておられたとき、激しい叫び声を上げ、涙を流しながら、ご自分を死から救う力のあるかたに、祈りと願いとをささげ、そのおそれ敬う態度のゆえに聞き入れられました」(5・7)。イエスは十字架上で亡くなったので、一見するとこの主張は見当外れのように思われます。しかし、ヘブライ人への手紙は誤っていません。神は死に対する完全な勝利をイエスに与えることによって、イエスを実際に死から救いましたが、その勝利への道は、死そのものを通ることだったのです。神が聞き入れた願いとは、ゲツセマネでのイエスの祈りについてです。切迫した不安に襲われ、イエスは受難という苦い杯を取りのけてくださるよう御父に祈りますが、その祈りは御父への信頼に満ち、自分の望みに構うことなく自らをゆだねます。「わたしの願いどおりではなく、み心のままに」（マタイ26・39）。祈りの内容は二の次です。もっとも重要なのは、御父とのかかわりです。祈りの働きはこうです。すなわち、それがどんなものであれ、神の望みに沿うものへと、願いと姿勢を変えてくれるのです。祈る人が何よりも求めているのは、いつくしみ深い愛である神との結びつきだからです。

このたとえ話は、「人の子が来るとき、果たして地上に信仰を見いだすだろうか」（8節）という問いかけで締めくくられています。この問いかけは、わたしたち皆に警告しています。たとえ報いを手にできなくとも、祈りをやめてはなりません。それは信仰を維持するための祈りです。祈りがなければ信仰は失われてしまいます。たとえ話のやもめのように、絶え間なく、根気強く祈ることで築かれる信仰を、主の来臨を待ち望む心を養う信仰を、主に願い求めましょう。そして、祈りのうちに神の思いやりを感じましょう。神はあわれみ深い愛に満ちて、ご自分の子に会いに来られる御父なのです。

（二〇一六年五月二十五日、サンピエトロ広場にて）

謙虚な祈りはいつくしみを受ける（ルカ18・9―14参照）

親愛なる兄弟姉妹の皆さん、おはようございます。

先週の水曜日は、根気強く祈る必要性を説いた、裁判官とやもめのたとえ話を聞きました。今日イエスは、別のたとえを用いて、御父に祈り、そのいつくしみを請うにふさわしい心構えについて説明しようとなさいます。祈り方、祈りにふさわしい態度です。ファリサイ派の人と徴税人のたとえ話です（ルカ18・9―14参照）。

両者とも祈るために神殿に上りましたが、まったく違う態度で祈り、相反する結果を得ます。ファリサイ派の人は「立って」（11節）祈り、多くのことばを重ねました。彼の祈りはもちろん神への感謝の祈りなのですが、実際のところ、それは自分の長所をひけらかし、「ほかの人たち」を見下す――「奪い取る者、不正な者、姦通を犯す者」と決めつけ、またその場にいた人を「この徴税人のような者」（11節）と例に出して――思いがあります。このファリサイ派の人は神に祈ってはいますが、目を向けているのは、実は自分自身なのです。まさにここに問題があります。自分自身に向かって祈っているのです。目の前にあるのは主ではなく、鏡です。神殿の中にはいても、神の偉大さにひれ伏す必要があるとは感じていません。彼は立ったまま、まるで自分がその神殿のあるじであるかのように思って自信をもっているのです。そして、自分には非がなく、律法は十二分に守り、「週に二度」断食し、全財産の「十分の一」を支払っていると、自分の善行を並べ立てます。つまり、ファリサイ派のその人は祈っているのではなく、自分がおきてを守っていることに満足しているのです。ところが彼の態度とことばは、神のなさり方と話され方からは懸け離れたものです。神はすべての人を愛し、罪人を見下げたりはなさいません。しかしこのファリサイ派の人は、罪人を軽蔑し、その場にいる人を名指しすることさえします。要するに、自分は正しいと思っているこのファリサイ派の人は、神を愛し、隣人を愛するというもっとも重要なおきてをなおざりにしているのです。

したがって、どれだけ祈っているかを問うだけでは十分ではありません。どのように祈っているか、あるいはむしろ、自分の心がどうであるかを自らに問わなければなりません。自分の考えや思いを見極め、傲慢さや偽善を根絶やしにすることが大切です。ところでお尋ねしますが、傲慢な気持ちで祈ることなどできますか。できませんわたしたちはただ、あるがままの自分を神の前にさらして祈らなければなりません。傲慢な気持ちと偽善の心で祈るファリサイ派の人のようになってはなりません。わたしたちは皆、日常が刻む慌ただしさにとらわれて、しばしば興奮、フラストレーション、混乱に振り回されがちです。わたしたちに出会い、語りかけてくださる神はわたしたちの心におられるのですから、わたしたちは自分の心に向かう道を再び見いだし、親密さと静けさの価値を取り戻すすべを身に着けなければなりません。そこから出発して初めて、わたしたちも他の人々と出会い、語り合うことができるのです。ファリサイ派のこの人は自信をもって神殿に上っていきますが、自分の心が道を踏み外していることに気づいていません。

他方、もう一人の登場人物である徴税人は、へりくだり、悔い改める心をもって神殿に現れます。「徴税人は遠くに立って、目を天に上げようともせず、胸を打ちながらいった」（13節）。その祈りは、ファリサイ派の人の長い祈りとは異なり、非常に短いものです。「神様、罪人のわたしをあわれんでください」。これだけです。美しい祈りです。実は、「徴税人」と呼ばれていた税務官は、他国の支配者にへつらう汚れた者と考えられ、人から嫌われ、普通は「罪人」に分類されていました。このたとえが教えているのは、人が善人であるか罪人であるかは、その人が属する社会階級によってではなく、神とのかかわり方と兄弟姉妹とのかかわり方によって決まるということです。徴税人の悔い改めを伝えるしぐさと短いことばは、自分のあわれな状態を自覚している証拠です。彼の祈りは本質的なものです。自分はあわれみを必要とする罪人にすぎないと確信する、謙虚な行いです。すでに何でももっていたので何も求めなかったファリサイ派の人に対し、徴税人が請い求めることのできたのは、神のあわれみだけでした。そしてそれは、すばらしいことなのです。神のあわれみを請い求めることです。「空の手」と素直な心で自分自身を差し出し、自分を罪人であると認めることで、徴税人は、主からゆるされるのに必要な条件をわたしたちに教えています。結局、このようにまさしく見下げられているような人が、真の信者のイコンとなるのです。

イエスは次の警句をもってこのたとえ話を締めくくります。「いっておくが、義とされて家に帰ったのは、この人であって、あのファリサイ派の人ではない。だれでも高ぶる者は低くされ、へりくだる者は高められる」（14節）。この二人のうち、どちらが堕落しているでしょうか。ファリサイ派の人です。ファリサイ派の人は、祈っているふりをした堕落のイコンで、鏡の前を気取って歩いているだけです。彼は堕落しており、祈るふりをしています。このように、自分が正しい生活をしていると信じ、他の人をとやかくいって見下す人は、堕落している偽善者です。傲慢はよい行いを台なしにしうるもので、祈りを空虚なものにし、人を神からも他者からも遠ざけます。神は謙虚さを好みますが、それはわたしたちを貶《おとし》めるためではありません。へりくだることは、むしろ神によって高く上げられるために必要な条件です。それにより、わたしたちは自分の空白を埋めるために注がれるいつくしみを感じることができます。高慢な人の祈りはみ心に届かず、貧しい人の謙虚さはみ心を大きく開きます。神には甘いところがあります。へりくだっている人に甘いのです。へりくだっている人の心の前で、神はご自分の心を完全に開いてくださいます。それは、おとめマリアが神をたたえる賛歌で表した、あの謙虚さです。「神は身分の低い、この主のはしためにも目を留めてくださった。……そのあわれみは代々に限りなく、主をおそれる者に及びます」（ルカ1・48、50）。謙虚な心で祈れるよう、わたしたちの聖母が助けてくださいますように。それでは、この美しい祈りを一緒に三度、唱えましょう。「神様、罪人のわたしをあわれんでください」。

（二〇一六年六月一日、サンピエトロ広場にて）

カナ――いつくしみの最初のしるし（ヨハネ2・1―11）

親愛なる兄弟姉妹の皆さん、おはようございます。

霊的講話を始める前に、結婚五十周年を迎えるご夫婦の皆さんを紹介したいと思います。このかたがたはまさに家庭が作る「よいぶどう酒」です。彼らは、わたしがこれからあいさつする新婚夫婦と、若者が見習うべき証人です。すばらしいあかしです。皆さんのあかしに感謝します。これまでのいつくしみに関するいくつかのたとえ話についての講話に続いて、今日はイエスの最初の奇跡について考えましょう。福音記者ヨハネはそれを「しるし」と呼んでいます。イエスは驚嘆を引き出すためではなく、御父の愛を明らかにするためにそれをなさったからです。福音記者ヨハネによって語られているこの最初の奇跡のしるし（2・1―11）は、まさしくガリラヤのカナで行われました。それはキリストの神秘全体を照らし出し、弟子たちの心を信仰に向けて開くことばと表現が刻まれた、一種の「入場門」のようなものです。そのいくつかに目を向けてみましょう。

導入部には「イエスも、その弟子たちも」（2節）とあります。イエスがご自分に従うよう呼びかけた人たちは共同体としてイエスとかかわっていて、今や一世帯のようなもので、全員で婚礼に招かれています。イエスはカナの婚礼で公生活を始めることで、預言者によって告げられたように、神の民の花婿としてご自分を示し、神とわたしたちを結ぶきずなの深さ――愛による新しい契約――を明らかにします。わたしたちの信仰の土台には何があるでしょうか。イエスがご自分とわたしたちとを結ばれるための、いつくしみのわざです。キリスト者の生活はこの愛への応答です。それは愛し合う二人の物語のようです。神と人間は、出会い、求め合い、見つけ合い、たたえ合い、愛し合います。ちょうど、雅歌の恋人たちのようにです。その他のすべてのことは、この関係の結果として生じます。教会はイエスの家庭であり、イエスはそこに愛を注いでおられます。教会が守り、すべての人に差し出したいと願うのは、その愛です。

契約という文脈において、わたしたちは「ぶどう酒がなくなりました」（3節）という聖母の観察眼についても理解すべきです。メシアが言及される祝宴の典型的要素として預言者たちが示唆するもの（アモス9・13―14、ヨエル2・24、イザヤ25・6参照）なしで、婚礼を祝い、祝宴を催すことなど、どうしてできるでしょうか。水は生きるために必要ですが、ぶどう酒は祝宴の豊かさと祝賀の喜びの表れです。この婚宴ではぶどう酒が切れそうです。新婚夫妻はそれを恥じています。さて、お茶を飲んでパーティーが終わってしまう様子を想像してみてください。いやはや！　パーティーにはワインが欠かせません。「ユダヤ人が清めに用いる」（6節）水がめに入った水をぶどう酒に変えることによって、イエスは雄弁なしるしを行います。モーセの律法を、喜びを運ぶ福音に変えるのです。ヨハネが他の箇所で自ら記しているとおりです。「律法はモーセを通して与えられたが、恵みと真理はイエス・キリストを通して現れた」（1・17）。

マリアが召使たちにいったことばが、カナの結婚の場面を仕上げていきます。「この人が何かいいつけたら、そのとおりにしてください」（5節）。興味深いことに、このことばは福音におけるマリアの最後のことばです。それはマリアがわたしたち皆に残す遺産です。今日でも、聖母マリアはわたしたち皆にいっておられます。「何かいいつけられたら——イエスがあなたに申しつけたら——、そのとおりにしてください」。それはマリアがわたしたちに残す遺産です。なんと美しいことでしょう。このことばは、シナイ山でイスラエルの民が契約の誓いにこたえるために用いた信仰を表す文言を思い起こさせます。「わたしたちは、主が語られたことをすべて、行います」（出エジプト19・8）。そしてもちろん、カナの召使たちは従います。「イエスが、『水がめに水をいっぱい入れなさい』といわれると、召使たちは、かめの縁まで水を満たした。イエスは、『さあ、それをくんで宴会の世話役のところへもっていきなさい』といわれた。召使たちは運んでいった」（7―8節）。まさにこの婚礼で新しい契約が取り交わされ、主の召使たちに、すなわち教会全体に、新たな使命が託されます。「この人が何かいいつけたら、そのとおりにしてください」。主に召し仕えることは、主のことばを聞き、それを実践することです。このことばは、イエスの母による短くも本質的な勧めであると同時に、キリスト者の人生の指針です。わたしたち一人ひとりにとって、水がめからくむことは、神のことばにより頼むことを意味します。生活の中でその働きを身をもって感じるためです。そうすれば、ぶどう酒に変わった水を味見した世話役と一緒に、わたしたちも声を上げることができます。「あなたはよいぶどう酒を今まで取っておかれました」（10節）と。そうです。主はわたしたちの救いのために、よいぶどう酒をつねに取っておいてくださいます。それは、刺し貫かれた主の脇腹から流れ続けているのです。

この話の結末は、宣言文のような調子です。「イエスは、この最初のしるしをガリラヤのカナで行って、その栄光を現された。それで、弟子たちはイエスを信じた」(11節)。カナの婚礼は、イエスの最初の奇跡物語以上のものです。イエスは、ご自分のペルソナの神秘と到来の目的を、宝箱のようなもので大切に守っておられます。待望された花婿は、過越の神秘で完成する婚礼を始めておられます。この婚礼でイエスは、新しい決定的な契約をもって、ご自分とその弟子たちとを結ばれます。カナで、イエスの弟子たちはイエスの家族となり、カナで、教会の信仰は生まれます。わたしたちは皆、この婚宴に招かれています。新しいぶどう酒は決してなくならないからです。

(二〇一六年六月八日、サンピエトロ広場にて)

いつくしみは光（ルカ18・35―43参照）

親愛なる兄弟姉妹の皆さん、おはようございます。

ある日、イエスはエリコの町に向かう途中、道端で物乞いをしていた盲人の視力を回復させる奇跡を行いました（ルカ18・35―43参照）。このしるしはわたしたちにも直接かかわるものですから、今日はその意味を深めてみたいと思います。福音記者ルカによれば、その盲人は物乞いのために道の端に座っていました（35節参照）。当時――最近までそうでしたが――、目の見えない人は施しにすがらなければ生活できませんでした。この盲人の姿は、身体障害やその他の障害のために今日でも社会の片隅に追いやられている、多くの人を表しています。その人は人々から離れてそこに座っています。一方人々は、頭を一杯にして用事を抱え、忙しそうに行き交っています。出会いの場であるはずのその通りが、彼にとっては孤独な場です。大勢の人が通り過ぎますが、彼は独りぼっちです。

　疎外された人の姿を思い浮かべると、悲しくなります。砂漠の中の美しく緑豊かなオアシスであるエリコの町が背景であればなおのことです。ご存じのように、エリコはイスラエルの民がエジプトからの長い旅の果てにたどり着いた町です。この町は約束の地への入り口を象徴しています。モーセがそのときに告げたことばを思い起こしましょう。「あなたの神、主が与えられる土地で、どこかの町に貧しい同胞が一人でもいるならば、その貧しい同胞に対して心をかたくなにせず、手を閉ざしてはならない。……この国から貧しい者がいなくなることはないであろう。それゆえ、わたしはあなたに命じる。この国に住む同胞のうち、生活に苦しむ貧しい者に手を大きく開きなさい」(申命記15・7、11)。神のおきてに基づくこの勧告と、福音書に記されている情景には、驚くほどの隔たりがあります。盲人がイエスに懇願の声を上げていても、彼には話す権利がないかのように、群衆は彼をしかりつけて黙らせようとしました。彼らはその人にいっさいのあわれみを示さず、それどころか彼の叫び声を煩わしく思っています。道にいる多くの人――困窮している人、病気の人、飢えている人――を見て、煩わしいと感じたことがわたしたちには何度あることでしょう。多くの移民、難民を目の前にして、幾たび煩わしいと感じたことでしょう。わたしたちは皆、そうした衝動を抱えています。だれもがです。わたしもそうです。だからこそ、神のことばはわたしたちに警告しています。無関心と敵意はわたしたちの目を見えなくし、耳を聞こえなくし、兄弟姉妹に目を向けられないようにし、彼らのうちにおられる主を見いだせなくします。無関心と敵意――。この無関心と敵意は、時に攻撃と侮辱に変わることすらあります。「こいつらみんな追っ払おう」。「どっかへやっちまおう」。それは、盲人が叫んだときに群衆がしたことです。「さあ、あっちへ行きなさい。黙りなさい。叫ぶのをやめなさい」。

興味深い箇所に気づきます。福音記者によると、群衆の一人が、人が集まっている理由を次のように盲人に教えました。「ナザレのイエスのお通りだ」（37節）。イエスが通ることを表す動詞は、出エジプト記の中で、エジプトの地でイスラエルの人々を救う死のみ使いが通ることを表す動詞と同じです（出エジプト12・23参照）。それは、復活祭の「過越」であり、解放の始まりです。イエスが通過なさるときは、いつでも解放があり、必ず救いがあるのです。したがってこの盲人にとって、それは主の過越の神秘が告げられたも同然でした。この盲人は、臆《おく》することなく何度もイエスに叫びかけます。ダビデの子、待望のメシアであり、預言者イザヤによれば、目の見えない人の目を開いたかかた（イザヤ35・5参照）だと分かって、イエスに呼びかけているのです。群集とは違い、この盲人は信仰の目で見ています。そのおかげで、彼の願いは大きな効果を生みます。現にその叫びを聞いて「イエスは立ち止まって、盲人をそばに連れて来るように命じられた」（40節）。イエスはそうやって、盲人を道端から連れ出し、弟子や群衆の関心の中心に置きます。つらい状況にあるとき、過ちを犯した状況にあるときでも、イエスがいかにわたしたちの手を取って道端から連れ出し、救ってくださったかについても考えてみましょう。こうして、二重の「過越」が実現します。第一に、群衆が盲人に福音を告げてもその人のために何もしようとはしない中にあって、イエスは、疎外されている人を自分の進む道の中心に置くことが、よい知らせには含まれているのだと気づくよう皆を促します。第二は、逆に盲人の側からのことです。彼は目が見えませんでしたが、その信仰が救いの道を開き、イエスを見るために通りに出た人々のただ中に、自分自身を見いだすのです。兄弟姉妹の皆さん。主の通過は、すべての人を主の周りで一つにして、助けと慰めを必要とする人に気づけるようになる、いくつしみの出会いです。イエスは、わたしたちの人生をもお通りになります。イエスが通過される際、そしてわたしがそれに気づくときに、それはイエスに近づき、よりよい人となり、よいキリスト者になり、イエスに従うことへの招きとなるのです。

イエスは盲人に向かって尋ねます。「何をしてほしいのか」（41節）。このイエスのことばには驚かされます。そのとき神の御子は、一人の腰の低いしもべとしてこの盲人に接しておられます。そのかた、イエス、神はいわれます。「何をしてほしいのですか」、「どんなふうにして差し上げたらよいのですか」。神は、ご自分を罪深い人間のしもべになさいます。そして盲人はイエスに答えます。このとき、彼はもうイエスを「ダビデの子」とは呼ばずに、「主」と呼びます。それは、教会が、復活したイエスに対して初めから使っていた呼び名です。この盲人はまた目が見えるようになりたいと望み、その願いは聞き入れられます。「見えるようになれ。あなたの信仰があなたを救った」（42節）。彼はイエスに嘆願し、イエスに会いたいと徹底して望むことで、自らの信仰を表し、それによって救いのたまものを受けました。信仰のおかげで、彼は今や見えるようになり、そして何よりもイエスによって愛されていると感じています。そのためこの話は、盲人は「神をほめたたえながら、イエスに従った」（43節）とのことばで締めくくられています。彼は弟子になるのです。物乞いから弟子になります。それはわたしたちの道でもあります。わたしたちだれもが物乞いです。全員です。いつでも救いを求めています。そしてわたしたちのだれもが、毎日、物乞いから弟子へと変わるこの一歩を踏み出すべきです。こうして盲人は主に従い、主の共同体の一員となります。彼に黙るよう求めた群衆も、今度はこの盲人とナザレのイエスとの出会いを大声であかしします。そして「これを見た民衆は、こぞって神を賛美した」

（43節）。第二の奇跡が起こります。盲人に起こったことにより、群衆もついに見えるようになります。同じ光が、それを共有したすべての人を照らし、賛美の祈りのうちに彼らを一つにします。このように、イエスはご自分が出会うすべての人に自らのいつくしみを注いでおられます。彼らに呼びかけ、ご自分のもとに連れて来て、集まらせ、いやし、照らし、そしてその驚くべきいつくしみ深い愛をたたえる新しい民をお造りになるのです。イエスに呼ばれ、イエスにいやされ、イエスにゆるしていただきましょう。そしてイエスに従い、神に向かって賛美をささげましょう。そうなりますように。

（二〇一六年六月十五日、サンピエトロ広場にて）

心を清くするいつくしみ（ルカ5・12―16参照）

親愛なる兄弟姉妹の皆さん、おはようございます。

「主よ、み心ならば、わたしを清くすることがおできになります」（ルカ5・12）。これは、重い皮膚病を患っている人のイエスに対する要望です。この人はいやされるだけでなく、「清くなる」ことを望みました。すなわち、身も心も完全に健全になることです。実際に重い皮膚病は、神からののろいの一種と考えられ、非常に汚れたものとみなされていました。重い皮膚病を患う人は皆から離れていなければならず、会堂やその他の神聖な場所には近づけませんでした。神から遠ざけられ、人々からも離されて――。そうした人たちは悲しい人生を送っていたのです。

それでもこの皮膚病の人は、病にも、自分を隔離する規定にも屈しません。イエスのもとに行くために、法を破り町に入ることをものともしませんでした。町に入ること、それはしてはならないこと、彼には禁じられていたことです。彼はイエスを見つけると、「ひれ伏し、『主よ、み心ならば、わたしを清くすることがおできになります』と願った」(12節) のです。汚れていると考えられていたこの人のしたこと、そのことばは、すべて信仰の表れです。彼はイエスの力を認めています。イエスには自分をいやす力があり、すべてはイエスの意向次第だと確信しています。この信仰が力となって、どんなしきたりをも破り、イエスに会おうとさせ、そしてイエスの前にひざまずいて、「主よ」とイエスに呼びかけられるようになるのです。皮膚病の人の嘆願が示すのは、イエスの前に出るときに、長い口上など必要ないということです。イエスの全能と優しさへの完全な信頼が表れていれば、わずかなことばで十分です。み旨に自らをゆだねることは、実際、その無限のいつくしみに自らを立ち帰らせることです。わたしの個人的な打ち明け話を紹介したいと思います。晩に、寝る前に、わたしは次の短い祈りを唱えます。「主よ、み心ならば、わたしを清くすることがおできになります」。そして主の祈りを五回、イエスの傷の数だけ唱えます。イエスは、ご自分の傷でわたしたちを清めてくださるからです。わたしがやっているのですから、皆さんにもできます。ご自宅で「主よ、み心ならば、わたしを清くすることがおできになります」と唱え、イエスの傷に思いをはせ、傷の一つ一つに対して「主の祈り」を唱えることです。イエスは、どんなときもわたしたちの声を聞いてくださいます。

イエスはこの人に強く心を打たれます。マルコによる福音書はこのように強調しています。「深くあわれんで、手を差し伸べてその人に触れ、『よろしい。清くなれ』といわれた」（1・41）。イエスのしぐさはご自分のことばと合致して、その教えをより明確にします。重い皮膚病の人に近づくことを禁じるモーセ律法の規定（レビ13・45―46参照）に反して、イエスはご自分の手を差し伸べ、その人に触れさえします。わたしたちはどれだけの頻度で、自分に会いに来る貧しい人と出会うでしょうか。わたしたちも寛大な気持ちになることができ、同情もできますが、その人に触れることはまずありません。硬貨をあげたり、投げ渡したりしても、その手に触れることは避けています。その人はキリストのからだであることを、わたしたちは忘れているのです。イエスは、貧しい人や除《の》け者にされている人に触れることを恐れてはならないと教えています。そうした人たちの中にご自分がおられるからです。貧しい人に触れることにより、わたしたちは偽善から清められ、彼らの境遇を気にかけるようになります。除け者にされている人に触れることです。今日は、この若者たち（壇上で腰かけている十数名）がわたしと一緒にいます。大勢の人が、彼らは自分の国にいたほうがよかったのではないかと思っています。しかし、彼らは祖国ですさまじい辛酸をなめました。彼らはわたしたちのもとに来た難民であるのに、多くの人が自分とは関係ないと思っています。お願いです。彼らはわたしたちの兄弟です。キリスト者はだれのことをも疎外せず、すべての人に居場所を作り、来る者はだれも拒みません。

重い皮膚病を患った人をいやした後、イエスはそのことをだれにも話してはいけないと命じますが、次のようにいいます。「ただ、行って祭司にからだを見せ、モーセが定めたとおりに清めのささげものをし、人々に証明しなさい」（5・14）。イエスのこの命令は、少なくとも三つのことを表しています。まず一つ目は、わたしたちに働く恵みは、騒ぎ立てる必要などないということです。ふつう恵みは、慎重に、音を立てずに働きます。わたしたちの傷をいやし聖性の道へと導くため、恵みは、わたしたちの心を主のみ心に合わせるよう根気強く働き、それによってわたしたちは主の考えと気持ちとにもっと近づけるようになるのです。二つ目は、治癒したことを祭司から公的に確認してもらい、ささげものをして祝うことで、重い皮膚病の人は信者の共同体と社会に再び受け入れられるということです。彼が今一度受け入れられると、いやしは完成します。彼自身の願いのとおりに、今や完全に清くされたのです。最後は、祭司に自分のからだを見せることで、重い皮膚病の人は、イエスとその救い主としての権能を人々にあかししていることです。イエスはあわれみをもって彼をいやし、そのあわれみの力がこの人の信仰を宣教に向かうことへと導いたのです。彼は除け者でしたが、今はわたしたちの仲間です。

自分のことを、自分の苦悩を思い浮かべてみましょう。だれもが自分なりの苦労を抱えているものです。しっかり考えましょう。わたしたちはそうした不幸を、「行儀よくする」という偽善によって、幾たび覆い隠していることでしょう。そのときにこそ、独りになって、神の前にひざまずき、こう祈る必要があります。「主よ、み心ならば、わたしを清くすることがおできになります」。やってみてください。夜寝る前に、毎晩してください。さあ、この美しい祈りを一緒に唱えましょう。「主よ、み心ならば、わたしを清くすることがおできになります」。

（二〇一六年六月二十二日、サンピエトロ広場にて）

母親へのあわれみ（ルカ7・11―17参照）

親愛なる兄弟姉妹の皆さん、おはようございます。

先ほど耳にしたルカによる福音書の中のエピソード（7・11―17）は、若者を生き返らせるという、イエスの実に大いなる奇跡をわたしたちに示しています。しかしこの話の核心は奇跡ではなく、この若者の母親に対するイエスの優しさです。この箇所におけるいつくしみは、夫を亡くして今度は一人息子の葬送に立ち会う女に対する、切実な同情心というかたちをとります。母親の深い悲しみがイエスの心を動かし、イエスに蘇生の奇跡を行わせるのです。

このエピソードの冒頭、福音記者は詳細に描写しています。ナインという小さな町――もしくは村――の門の近くで、それぞれ反対の方角から来た、共通点は何もない二組の集団が擦れ違います。弟子たちと大勢の群衆に伴われたイエスは、ちょうど町に入るところでした。もう一方の、やもめの母親と大勢の人が付き添う死者を運ぶ葬列は、門から出るところでした。それぞれに歩む二組の集団は門のところで擦れ違いますが、聖ルカはそのときのイエスの気持ちを説明しています。「主はこの母親を見て、あわれに思い、『もう泣かなくともよい』といわれた。そして、近づいて棺《かん》に手を触れられると、担いでいる人たちは立ち止まった」(13―14節)。切実な同情心が、イエスを行動に導きます。棺に触れて行列を止め、その母親に対する深いあわれみに駆り立てられて、イエスは死に向き合う決心をなさいます。いうならば、面と向かってです。いずれイエスは、決定的に死に対して、十字架上で面と向かうことになります。

この聖年の間、聖なる門、いつくしみの扉を通る際に、ナインの門で起きたこの福音のエピソードを巡礼者が思い起こすのはよいことでしょう。涙を流している母親をイエスが見たときに、母親はイエスの心に進入するのです。めいめいが、それぞれの喜びと苦しみ、計画や失敗、疑いや不安を含めての自分の人生を携えて、それを主のあわれみに差し出そうと、聖なる門にたどり着きます。聖なる門のもとで、主はわたしたち一人ひとりと会うため、そのなぐさめの力あることばをかけるため、近づいて来てくださいます。「もう泣かなくともよい」(13節)。これが、人間性が有する痛みと、神のあわれみが出会う門です。その敷居をまたぐことにより、神のいつくしみの中に入るわたしたちの巡礼はなし遂げられます。神は、この死んだ若者にいわれたように、すべての人に繰り返しいっておられます。「あなたにいう。起きなさい」(14節)。わたしたち一人ひとりに「起きなさい」といっておられるのです。神はわたしたちに起き上がっていてほしいのです。神はわたしたちを立ち上がれるようにお造りになりました。だからこそ、イエスのあわれみはあのいやしの行為となり、わたしたちをいやします。その際の鍵となることばは、「起きなさい。神があなたをそのようにお造りになったのだから、立ち上がりなさい」です。立ち上がってください。「でも神父様、わたしたちは何度も倒れます」――「さあ、起き上がりなさい」。イエスはいつだってこういっておられます。聖なる扉を通るときには、この「起きなさい」ということばを心に感じるよう努めましょう。イエスの力あることばは、わたしたちを再び起き上がらせ、死からいのちへの過越をわたしたちにもたらします。そのかたのことばがわたしたちを生き返らせ、希望を与え、疲れ切った心を元気づけ、苦しみと死を超越する世界観や人生観を開いてくれます。神のいつくしみという尽きることのない宝は、各自のために、聖なる門に刻まれているのです。

イエスのことばが届き、「死人は起き上がってものを言い始めた。イエスは息子をその母親にお返しになった」(15節)。とても美しい表現です。イエスの優しさが表れています。「イエスは息子をその母親にお返しになった」。母親は息子を取り戻します。イエスの手から息子を受け取り、彼女は再び母になります。しかし、ここで取り戻された息子は、彼女からいのちを受けた息子ではありません。このように、母親と息子はイエスの力あることばと愛にあふれたわざによって、それぞれのアイデンティティを受けました。したがって、とりわけ聖年の間、母なる教会は自らの子が神の恵みによっていのちを受けたことを認識しつつ、その子らを受け入れます。教会が母となり、わたしたち一人ひとりが母なる教会の子となるのは、この恵み、洗礼の恵みのおかげです。

生き返って、母のもとに戻された若者を前にして、「人々は皆恐れを抱き、神を賛美して、『大預言者がわれわれの間に現れた』といい、また、『神はその民を心にかけてくださった』といった」（16節）。イエスが行ったことは、やもめとその息子のためだけの救いでもなければ、その小さな町に限って行われたよいわざなのでもありません。イエスのいつくしみ深い救援を通して、神はご自分の民と会われます。イエスのうちに神のすべての恵みが現れ、人類に対して現れ続けるのです。わたしはすべての部分教会で、すなわちローマだけでなく世界中の全教会でそれを味わってほしいと願っていますが、この聖年を祝うことは、世界に広がるすべての教会が、主をたたえる歌声を一つにするようなものです。教会は今も、神が訪れてくださっていることを自覚しています。ですからいつくしみの門へと向かうことで、すべての人が、イエスのあわれみの心の扉に向かうことができます。イエスこそが、わたしたちを救いに導き、新しいいのちを取り戻してくださるまことの門です。あわれみは、イエスにおいてもわたしたちにおいても、心から出発して手に到達する旅です。どういう意味でしょうか。イエスはあなたをご覧になり、ご自分のあわれみであなたをいやし、あなたに向かって「起きなさい」といわれ、あなたの心は新しくなります。心から始まり手に行き着く旅とはどういう意味でしょうか。それは、新しい心をもって、すなわちイエスによっていやされた心をもって、手を使って困窮している多くの人を助け、いやすために、慈善のわざを行うことです。あわれみは、心から始まり、手で、つまり慈善のわざに行き着く旅なのです。

あわれみは、心で始まり手に至る旅だと申し上げました。心に、イエスのあわれみを受けます。わたしたちはイエスからすべてをゆるしていただきます。神はすべてをゆるし、わたしたちを起き上がらせ、新しいいのちを与え、ご自分のあわれみをわたしたちに差し出してくださるからです。そのゆるされた心から始まり、そしてイエスのあわれみを携えて、手での活動に向けての、つまり慈善のわざに向かう旅が始まります。先日、ある司教がこう語っていました。彼は自分の教区の司教座聖堂や他の教会で、いつくしみの扉の出口と入り口をしつらえたそうです。わたしは尋ねました。「どうしてですか」。「一方の扉は入り口で、ゆるしを求め、イエスのあわれみを受けるためです。もう一方の扉は出口であるいつくしみの扉で、わたしたちの慈善のわざをもって、他者にあわれみを運ぶためのものです」。なんと賢い司教でしょう。心から手に至る旅をすることで、わたしたちも同じようにしましょう。「起き上がりなさい、さあ、さあ」といっておられるイエスからゆるしを受けるために、いつくしみの扉から教会に入りましょう。そして、この「さあ」――立ち上がりなさい――ということばを携え、出口の扉から出ましょう。それが出向いて行く教会です。心から手のわざに至るいつくしみの道です。その道を歩んでください。

（二〇一六年八月十日、パウロ六世ホールにて）

交わりの道具としてのいつくしみ（マタイ14・13―21参照）

親愛なる兄弟姉妹の皆さん、おはようございます。

今日は、パンを増やす奇跡について考えたいと思います。マタイが語るこの話（マタイ14・13―21参照）の冒頭で、イエスは洗礼者ヨハネの訃報に触れ、「人里離れたところ」（13節）を求めて湖を舟で渡ります。ところが、群衆はそれを知り、歩いてイエスの後を追うので、「イエスは舟から上がり、大勢の群衆を見て深くあわれみ、その中の病人をいやされた」（14節）のです。イエスはそのようなかたです。つねにあわれみの心をもち、人々のことをいつも思っておられます。見捨てられたかのように取り残されることをおそれての、群衆の決断には驚かされます。カリスマ的預言者であった洗礼者ヨハネの死により、人々はイエスにより頼みます。ヨハネがイエスについて「わたしの後から来るかたは、わたしよりも優れておられる」（マタイ3・11）と語ったからです。こうして群衆はどこでもイエスの後を追い、イエスに耳を傾け、イエスのもとに病者を連れてきます。それを見て、イエスは心を動かされます。イエスは冷淡なかたではありません。イエスには冷たい心はありません。イエスは共感できるかたです。イエスは、一方ではこの群衆とのつながりを感じて彼らを置いていきたくないと思いつつも、他方では独りになって、御父との祈りの時をもつ必要性を感じています。イエスはしばしば、御父に祈りをささげながら夜を過ごしているのです。

そのようなわけでこの日も、主は群衆に尽くしています。イエスのあわれみは、漠然とした感情ではありません。むしろ、わたしたちに近づき、救いたいという意志の全き強さの表れです。イエスはわたしたちを深く愛し、わたしたちに近づきたいと望んでおられます。

夕暮れになり、イエスはそこにいるすべての人――疲れて空腹を抱えた人たちと、イエスに付き従う人々の世話をする人たち――の食事について案じます。イエスは弟子たちに協力してほしいと考えます。実際、彼らにいわれます。「あなたがたが彼らに食べる物を与えなさい」(16節)。そしてイエスは、弟子たちの手元にあったわずかなパンと魚が、信仰と祈りの力によって、そこにいたすべての人に行き渡ることを彼らに示したのです。イエスは奇跡を行いますが、それは信仰の奇跡、祈りの奇跡、そしてあわれみと愛によって生まれる奇跡です。こうしてイエスは、「パンを裂いて弟子たちにお渡しになった。弟子たちはそのパンを群衆に与えた」(19節)。主は人々の必要にこたえてくださいますが、わたしたちそれぞれにも、ご自分のあわれみのわざに参加するよう望んでおられます。

さて、イエスの祝福の所作について少し考えましょう。「五つのパンと二匹の魚を取り、天を仰いで賛美の祈りを唱え、パンを裂いて弟子たちにお渡しになった」(19節)。お分かりのように、これはイエスが最後の晩餐でなさった所作と同じです。また感謝の祭儀を行うたびに、どの司祭も行う所作でもあります。キリスト教共同体は、このエウカリスチアの交わりから生まれ、そして新たに誕生し続けています。したがって、キリストとの交わりを生きることは、決して受け身なことでも、日常から懸け離れたことでもなく、むしろ、キリストのいつくしみと気遣いの具体的なしるしを届けるために、わたしたちはいっそう今の時代の人たちとかかわるよう促されています。わたしたちはキリストによって養われます。そしてまた、わたしたちが祝う感謝の祭儀は、わたしたちを少しずつ、キリストのからだに変え、兄弟姉妹の霊的な糧へと変えていきます。イエスは、神の愛をすべての人に届けるために、あらゆる人のもとに行きたいと望んでおられます。そのため、すべての信者はいつくしみの奉仕者にされています。イエスは群衆を見て、彼らをあわれに思い、そしてパンを増やしました。

感謝の祭儀でもそれと同じことをなさいます。その聖体のパンを受けたわたしたち信者は、他の人にその奉仕を行うよう、イエスによって駆り立てられます。このような流れなのです。

パンと魚を増やす話は、すべての人が満腹し、残ったパン屑《くず》が集まったことを確認して終わります（20節参照）。イエスがあわれみと愛をもってわたしたちに恵みを与え、わたしたちの罪をゆるし、わたしたちを受け入れ、愛してくださるとき、イエスは中途半端にではなく十二分になさいます。ここでの出来事と同じように、皆が満足させられます。イエスはわたしたちの心と生活を、ご自分の愛とゆるしとあわれみで満たしてくださいます。そして弟子たちを、ご自分の命令に従えるようにしてくださいます。こうして弟子たちは、たどるべき道を知るようになります。それは、人々を養い、一つにすること、すなわち、いのちと交わりへの奉仕です。ですから主に願い求めましょう。ご自分の教会が、この聖なる務めをいつも行うことができますように。また、わたしたち一人ひとりが、自分の家庭や職場、小教区、所属するグループの中で交わりの道具となり、神のいつくしみの目に見えるしるしとなれますように。神はだれ一人として、孤独の中に、困窮の中に取り残されてほしくはないのです。人々の間に交わりと平和が訪れ、人間と神が交わることができるためにです。この交わりは、すべての人にとってのいのちだからです。

（二〇一六年八月十七日、パウロ六世ホールにて）

いつくしみがもたらす尊厳（マタイ9・20―22参照）

親愛なる兄弟姉妹の皆さん、おはようございます。

先ほど読まれた福音は、自らの信仰と勇気によって立ち上がった人の姿をわたしたちに示しています。イエスによって長血をいやされた女のことです（マタイ9・20―22参照）。彼女は群衆をかき分け、イエスの服の房に触れるために背後から近づきます。『このかたの服に触れさえすれば治してもらえる』と思ったからである」（21節）。なんという信仰でしょう。この女性はどれほど深い信仰をもっていたのでしょう。深い信仰と大きな希望に駆られ、ちょっと機転を利かせて、心に決めたことを実行するからです。イエスによって救われたいという願いがあまりにも強かったため、彼女はモーセのおきてが定めた規則を破ります。事実、この哀れな女は何年もの間、病んでいただけでなく、出血を患っていたことで汚れた人と考えられていました（レビ15・19―30参照）。そのため彼女は、礼拝からも、夫婦生活からも、普通の人間関係からもつまはじきにされています。福音記者マルコは、彼女が多くの医者にかかり、その支払いに全財産を使い果たし、痛みの伴う治療に耐えたけれど、ますます悪くなるだけだったと付け加えています（訳注：マルコ5・26）。彼女は社会から捨てられた人でした。彼女の心境を知るためには、この境遇――排斥されている状況――について考えることが重要です。彼女はイエスが、病から、除《の》け者の状態から、尊厳を無視された状態から、自分を解放してくださると感じています。つまり彼女は、イエスは自分を救うことができると分かっている、感じているのです。

　この例から、女性が多くの場合、どのように考えられ、表されているかについて考えさせられます。わたしたち皆、とりわけキリスト教共同体は、偏見や、女性の不可侵の尊厳を侵害するような当て推量に由来した、女性観に警戒しなければなりません。その意味で、真理を取り戻し、解放的な視点に立ち戻させるのは、まさに福音にほかなりません。イエスは、皆から避けられていたこの女性の信仰を褒め、彼女の希望を救いに変えました。その女性の名は分かりませんが、福音が描く彼女とイエスとの出会いのこの数行は、各人がもつ尊厳の真正と偉大さを取り戻すことのできる信仰の道程を描いています。キリストとの出会いを通して、解放と救いの道は、どんな時代のどんな場所でも、すべての人に、男にも女にも開かれるのです。

　マタイによる福音書が伝えるには、女性がご自分の服に触れたときに、イエスは「振り向いて」、「彼女を見」（22節）、そして彼女にいいました。すでに述べたように、人々から遠ざけられている立場のために、彼女はこっそりと、イエスの背後で、人々に見られないように少しおびえながら――除け者だったからです――行動しました。イエスは彼女を見ますが、そのまなざしは叱責するものではありません。「失せなさい。重い皮膚病患者よ」とでもいうように、「向こうへ行きなさい。お前はつまはじき者だから」とはいいません。違います。とがめたりはせず、イエスのまなざしにはいつくしみと優しさがこもっています。イエスは何が起きたのかに気づき、彼女と直接に会おうとなさいます。それこそ彼女が望んでいることです。つまりイエスは、彼女を受け入れるだけでなく、ことばをかけしっかりと目を向けるほどの出会いにふさわしいしかるべき者として彼女を考えているということなのです。

　この話の中心部では、「救う」もしくは「治る」ということばが三度、繰り返されます。「『このかたの服に触れさえすれば治してもらえる』と思ったからである。イエスは振り向いて、彼女を見ながらいわれた。『娘よ、元気になりなさい。あなたの信仰があなたを救った』。そのとき、彼女は治った」（21―22節）。この「娘よ、元気になりなさい」は、その人に対する神のいつくみのすべてを表しています。また、捨てられたすべての人に対するものでもあります。わたしたちは、自分の罪のために――わたしたちはたくさんの罪を犯します。たくさん犯します――捨てられていると、何度心の中で感じることでしょう。そして主はわたしたちにこういわれます。「ほら、元気を出しなさい。わたしにとって、あなたは捨て去られてはいない。捨てられた者ではないのだよ。娘よ、元気になりなさい。あなたは息子、娘です」。それは恵みの時であり、ゆるしの時です。さらに、イエスのいのちに分け入る時であり、教会生活に属する者となる時です。これこそがいつくしみの時です。わたしたちはだれしも罪人です。罪の大小はさまざまでも、わたしたちは皆罪人で、そのわたしたち皆に、今日主は語りかけておられます。「さあ、元気を出しなさい。あなたはもう拒まれてはいません。もはや捨てられた者ではありません。わたしはあなたに情けをかけ、あなたを抱きしめよう」。神のいつくしみはこのようなものです。わたしたちはこの女性のように、勇気をもって神のもとに行かなければなりません。自分の罪へのゆるしを求め、前に進むためです。この女性がそうしたように、勇気をもってください。結局「救い」には、さまざまな特徴があります。まず救いは、女性の健康を回復します。そして社会的・宗教的な差別から解放します。さらに、不安と絶望を取り除き、彼女が心に抱いていた希望を実現します。最後に、彼女を共同体に戻し、人目を避けて行動しなければならない生活から解放します。この最後の点が重要です。疎外されてきた人は、つねに人目を避けて行動します。それは一時的なこともあれば、生涯にわたる場合もあります。当時の重い皮膚病患者のこと、現代のホームレスの人たちのことを考えてみてください。罪人のこと、罪人であるわたしたち自身のことも考えてみましょう。わたしたちはいつも何かをこっそりとし、何かを隠れてする必要に迫られます。今ある自分を恥じているからです。イエスは、そうしたことからわたしたちを解放してくださいます。イエスはわたしたちを解放し、起き上がらせてくださいます。「起きなさい、さあ、立ち上がりなさい」。神はわたしたちをそのようにお造りになりました。神はわたしたちを、恥じることなく立ち上がっているようにお造りになりました。立ち上がっている――。イエスがお与えになるのは、完全な救いです。その救いは、この女性のいのちを神の愛の領域に再び結びつけ、それと同時にその完全な尊厳を彼女に取り戻します。

つまり、自らの救いのためにとこの女性が触れたのは、服ではなく、信仰のうちに受け止められたイエスのことばです。それにより、彼女は慰められ、いやされ、神との関係と、その民との関係を取り戻せるようになります。イエスは祝福の唯一の源であり、そこからすべての人の救いがあふれ出ます。そして信仰は、それを受けるための根本的な姿勢です。イエスはあわれみにあふれるその行動をもって、教会があらゆる人と出会うためにたどるべき道を、今再び教会に示してくださいます。それは、すべての人が身も心もいやされ、神の子としての尊厳を取り戻すためなのです。ご清聴ありがとうございます。

（二〇一六年八月三十一日、サンピエトロ広場にて）

救ってくださるもの
——それはあわれみ（マタイ11・2—6参照）

親愛なる兄弟姉妹の皆さん、おはようございます。

わたしたちは先ほど、マタイによる福音書の一節（11・2—6）を聞きました。福音記者の意図は、わたしたちをイエスの神秘により深く入らせて、イエスの優しさといつくしみを理解させることです。話は次のとおりです。獄中にいる洗礼者ヨハネは、実に明確な質問をするために自分の弟子をイエスのもとに送りました。「来るべきかたは、あなたでしょうか。それとも、ほかのかたを待たなければなりませんか」（3節）。ヨハネはまさに暗闇の中にありました。救い主を心から待ちわび、自分の説教では、強い調子でその救い主のことを言い表してきました。そのかたはいよいよ神の国を建て、その民を清め、善人には報い、悪人を罰する、裁判官であると説いてきたのです。ヨハネは次のように説教しました。「斧《おの》はすでに木の根元に置かれている。

よい実を結ばない木はみな、切り倒されて火に投げ込まれる」（マタイ3・10）。今やイエスは、別のやり方で自身の公生活を始めていました。ヨハネは二重の闇の中で苦しんでいました。牢獄、独房の闇と、心の闇です。ヨハネにはイエスのそのなさり方が分からず、イエスが本当に救い主なのか、それともほかの人を待たなければならないのか、知りたいと思っています。

初めは、イエスの答えはヨハネの質問とかみ合わないように思えます。事実、イエスはいいます。「行って、見聞きしていることをヨハネに伝えなさい。目の見えない人は見え、足の不自由な人は歩き、重い皮膚病を患っている人は清くなり、耳の聞こえない人は聞こえ、死者は生き返り、貧しい人は福音を告げ知らされている。わたしにつまずかない人は幸いである」（4―6節）。主イエスがいおうとしていることは明確です。イエスが答えたのは、ご自分は、あらゆる人に会いに行き、慰めと救いをもたらすことで神の義をはっきりと示す、御父のいつくしみの実際の道具だということです。目の見えない人、足の不自由な人、重い皮膚病の人、耳の聞こえない人は自らの尊厳を取り戻し、もはやその病のために疎外されません。死者は生き返り、貧しい人には福音が告げられます。この箇所はイエスのわざの要約です。このようにしてイエスは、神ご自身のわざを目に見えるもの、手で触れられるものにしているのです。

キリストの生活についてのこの箇所から教会が受け取るメッセージは、非常に明確です。神が御子を世に遣わしたのは、罪人を罰するためでも、悪人を滅ぼすためでもありません。そうではなく、そうした人は回心へと招かれています。神の善のしるしを知り、自分の道を取り戻せるようになるためです。詩編が告げるとおりです。「主よ、あなたが罪をすべて心に留められるなら、主よ、だれが耐ええましょう。しかし、ゆるしはあなたのもとにあり、人はあなたをおそれ敬うのです」（130・3―4）。

洗礼者ヨハネが自身の説教の中心に位置づけていた義を、イエスはまず、いつくしみとして言い表します。先駆者の疑問は、イエスのわざとことばが引き起こすことになる混乱を予期したにすぎません。そこから、イエスの答えの末尾が理解できます。いわく、「わたしにつまずかない人は幸いである」（6節）。つまずきとは「妨害するもの」のことです。このように、イエスはある種の危険性に対して警告しています。すなわち、もしイエスのいくつしみのわざが信じることへの障害となるなら、救い主について誤ったイメージを抱いていることになります。一方、イエスのわざとことばを前に、天におられる御父の栄光をたたえる人は幸いです。

イエスの警告は生き続けます。今日でも人間は、神のまことの現存の恵みを受ける妨げとなるような、神のイメージを作り出してしまいます。己の欲望や信念という限られた空間の中に神を押し込めるような「DIY（Do it Yourself）」の信仰に切り抜いてしまう人もいます。こうした信仰は、ご自分を明かしておられる主に対する回心とはならず、むしろ主がわたしたちの人生や良心を力づけるのを阻んでしまいます。神を偽りの偶像に貶《おとし》める人もいます。自分の利益、さらには憎しみや暴力の正当化のために、神の聖なる名を利用するのです。また神を、困難な時に安心させてくれる単なる心理的な逃げ場とする人もいます。それは自らの内に閉じこもる屈折した信仰で、兄弟へと向かわせるイエスのいつくしみ深い愛の力に鈍感になっています。あるいは、イエスを、倫理教育のすばらしい指導者、数多くの歴史上の人物のうちの一人とだけ考える人もいます。さらには、イエスとのひたすら内的なだけの関係に信仰を封じ込め、世界と歴史を変えることのできる宣教活動へと向かわせるイエスの促しを台なしにする人もいます。わたしたちキリスト者は、イエス・キリストを神と信じています。わたしたちの望みは、その神秘にあずかりながら成長することなのです。

さあ、御父のいつくしみ深いわざが、いかなる障害によっても阻まれることのないよう努力しましょう。そして、わたしたちもいつくしみのしるしとなり道具となれるよう、深い信仰というたまものを願い求めましょう。

（二〇一六年九月七日、サンピエトロ広場にて）

わたしに学びなさい（マタイ11・28―30参照）

親愛なる兄弟姉妹の皆さん、おはようございます。

イエスがご自分を比類のないいつくしみ、神の現存と優しさのしるしであると示しておられることについて、わたしたちはこの聖年の間ずっと考えてきました。今日は、だれもが心を動かされる福音の箇所（マタイ11・28―30参照）を深めます。イエスはいいます。「疲れた者、重荷を負う者は、だれでもわたしのもとに来なさい。休ませてあげよう。わたしは柔和で謙遜な者だから、わたしの軛《くびき》を負い、わたしに学びなさい。そうすれば、あなたがたは安らぎを得られる」（28―29節）。主の呼びかけは衝撃的なものです。身分の低い人、苦しい生活にあえぐ人に対し、ご自分に従うよう呼びかけます。ひどく困窮している人を、ご自分に従うよう招き、ご自分のうちに安らぎと慰めを約束しておられます。呼びかけは命令形です。「わたしのもとに来なさい」、「わたしの軛を負いなさい」、「わたしに学びなさい」。世界中の指導者がこのようにいえたなら、どんなによいでしょう。では、このことばの意味を考えてみましょう。

最初の命令は「わたしのもとに来なさい」です。疲れた人や虐げられた人に対し、イエスは、預言者イザヤの書に記されている主のしもべとしてご自分を示します。イザヤ書にはこうあります。「主は、弟子としての舌をわたしに与え、疲れた人を励ますように、ことばを呼び覚ましてくださる」(50・4)。福音書は、このような生活に疲れた人に、しばしば貧しい人(マタイ11・5参照)と小さな人(マタイ18・6参照)を加えています。それは、自身の財力にも、力になってくれる友情にも頼ることのできない人のことです。彼らは神に頼ることしかできません。彼らは自分の屈辱的でみじめな境遇を認識しつつ、自分は主のいつくしみ次第であることを自覚し、唯一可能な助けを主から与えられるのを待っています。そしてイエスの招きの中に、待ち望んでいた答えをようやく見いだすのです。主の弟子になることで、その後の生涯にわたる安らぎを見いだせるという約束を得ます。それは福音書では、すべての人にまで広げられる約束です。イエスは使徒たちにいいます。「だから、あなたがたは行って、すべての民をわたしの弟子にしなさい」(マタイ28・19)。聖年のこの恵みの年を祝うようにとの招きを受けて、全世界で巡礼者が、司教座聖堂や聖地、世界中のいくつもの教会、病院、監獄で開かれているいつくしみの扉を通っています。どうして人々はこの「いつくしみの扉」を通るのでしょうか。イエスを見つけるため、イエスと友情を結ぶため、イエスだけが与えることのできる安らぎを得るためです。この旅は、イエスに従う弟子一人ひとりの回心を表しています。回心はつねに、主のいつくしみに触れることによってもたらされます。主のいつくしみは永遠で、尽きることがありません。主のいつくしみはすばらしいのです。だからわたしたちは、聖なる扉を通ることで、「この世の中に愛があり続けること、この愛は、個人、人類、世界を巻き込むどのような悪よりも力強い」（ヨハネ・パウロ二世回勅『いつくしみ深い神』7）と告白します。

第二の命令は「わたしの軛《くびき》を負いなさい」です。契約という文脈において、聖書の伝統では、神と民を結ぶ強いきずなを表すために「軛」という表現が用いられ、その結果として、律法に表されている神の意志への従順を表しています。律法学者との議論で、イエスはご自分の軛を弟子たちに負わせ、そうすることで律法が成就します。神のみ旨は、イエスというペルソナを通して知ることができることを、イエスは教えようとしておられます。イエスを通してであり、イエスご自身が非難しておられる血の通わない法や規則を通してではないのです。マタイによる福音書23章を読んでみてください。イエスは、彼らと神との関係の中心におられます。イエスは弟子たちの関係の中心におられ、それぞれのいのちの支点となられます。それぞれの弟子が「イエスの軛」を受け、それによってイエスとの交わりに入り、イエスの十字架とその救いの神秘にあずかるのです。

そして第三の命令です。「わたしに学びなさい」。イエスは弟子たちに、知と模倣の旅を提示します。イエスは、自分が背負わない重荷を他者に押しつけるような冷酷な主人ではありません。それは、イエスの律法学者に対する非難でした。イエスは謙遜な人、小さな人、貧しい人、困窮する人に語りかけます。イエスは自ら、小さく謙遜な人となられたからです。イエスは貧しさと苦しみを知っています。イエスご自身が貧しく、痛みを抱えていたからです。人類を救うため、イエスは容易な道をたどりませんでした。それどころか、苦悩と困難に満ちた道を歩まれたのです。フィリピの信徒への手紙が述べているように、「へりくだって、死に至るまで、それも十字架の死に至るまで従順でした」(2・8)。貧しい人や虐げられた人が負う軛は、イエスが彼らの前で負った軛と同じです。だからこそ、その軛は軽いのです。イエスは全人類の苦悩と罪とをご自分の肩に負われました。したがって弟子にとって、イエスの軛を負うことは、イエスの啓示を受けて、それを受け止めることを意味します。神のいつくしみは、イエスにおいて人々の貧しさを引き受け、それによってすべての人に救いの力が及ぶようになるのです。一体どうして、イエスはそのようなことをいえるのでしょうか。イエスはすべての人にとってのすべてであり、すべての人のそばに、もっとも貧しい人であっても、そのそばにおられるのです。イエスは人々の間におられる、イエスは君主ではありませんでした。イエスは毎日、彼らとともに働いていました。人々から遠ざかるなら、それは教会にとって悪いことです。イエスの精神に反しています。イエスはそうした司牧者を非難し、人々にいいました。「彼らのことばに従っても、彼らと同じことをしてはならない」。

兄弟姉妹の皆さん、わたしたちも疲れて落胆するときがあります。そんなときには、主のことばを思い起こしましょう。主のことばは、わたしたちに深い安らぎを与え、自分がよいことのためにエネルギーを費やしているかどうかを考えさせてくれます。事実、わたしたちの疲労はしばしば、さほど重要ではないものに信頼を寄せることで生じます。人生にとって真に大切なものから自分を遠ざけているからです。主は、恐れずにご自分に従うようわたしたちに教えてくださいます。わたしたちがイエスに置く希望は、決して裏切られることはないからです。ですからわたしたちは、いつくしみの道具となれるよういつくしみをもって生きるとはどういうことなのかを、イエスから学ぶよう招かれています。いつくしみの道具となれるようにいつくしみをもって生きること――。いつくしみをもって生きるとは、イエスのいつくしみが不可欠だという気持ちをもつことです。自分がゆるしと慰めを必要と感じるとき、他者に対していつくしみ深い者となるすべを学びます。神の独り子を見つめれば、わたしたちがこれからどれだけのことをすべきかに気づきます。そしてわたしたちはそのかたとともに歩んでおり、決して独りではないことを知る喜びも与えられます。ですから勇気をもってください。元気を出してください。主の弟子であることの喜びを奪われないようにしましょう。「でも神父様、わたしは罪人です。わたしはどうしたらよいのでしょうか」。――「主に見つめていただきなさい。心を開いて、あなたを見つめる主のまなざしと、主のいつくしみを感じてください。あなたがゆるしを求めて主に歩み寄れば、あなたの心は喜び、ゆるされる喜びで満たされるでしょう」。主とともに、主の慰めの力とともに、この生活を送る希望を奪われないようにしましょう。ご清聴ありがとうございます。

（二〇一六年九月十四日、サンピエトロ広場にて）

御父のようにいつくしみ深く（ルカ6・36―38参照）

親愛なる兄弟姉妹の皆さん、おはようございます。

先ほど、ルカによる福音書の一節（6・36―38）が読まれました。今年の特別聖年のモットー「御父のようにいつくしみ深く」はここから取られています。省略せずにいえば、「あなたがたの父があわれみ深いように、あなたがたもあわれみ深い者となりなさい」（36節）です。これは単なるキャッチフレーズではなく、生涯をかけた誓いです。この語句をよく理解するには、マタイによる福音書の並行箇所と比較するとよいでしょう。そこでイエスはいいます。「だから、あなたがたの天の父が完全であられるように、あなたがたも完全な者となりなさい」（5・48）。真福八端で始まる有名な山上の説教の中で主は、律法のすべてのおきての完成である愛のうちに、完徳があると教えておられます。それと同じ観点から、完徳はいつくしみ深い愛である、つまり完全であることはいつくしみ深いということだと聖ルカは述べています。いつくしみ深くない人は完璧でしょうか。違います。いつくしみ深くない人はよい人でしょうか。違います。善と完徳はいつくしみに根ざしています。もちろん神は完全です。しかし、そうした意味において神を捉えるなら、絶対的な完全性を目指すことになり、それは人間にとって不可能なことになってしまいます。そうではなく、わたしたちの目前におられるそのかたをいつくしみ深いかたとして見つめることで、何が神を完全たらしめているかがよく理解できるようになります。そしてわたしたちは、神のように愛と思いやりにあふれ、いつくしみ深くなるように促されるのです。

ところで、どうでしょうか。イエスのことばは現実的でしょうか。神が愛するように愛すること、神のようにいつくしみ深くなることは本当に可能なのでしょうか。

救いの歴史を見ると、神の啓示全体は、人類に対する絶えることのない不屈の愛であることが分かります。神は、はかりしれない愛をもって愛してくれる父や母のようで、その愛をすべての造られたものに豊かに注いでくださいます。イエスの十字架上の死は、神と人間の間の愛の物語の頂点です。それほどの愛は、神にしかなし遂げられない大きなものです。はかりしれないその愛に比べれば、わたしたちの愛には必ず欠陥があるのは明白です。しかし、イエスが御父のようにいつくしみ深くなるようわたしたちに呼びかけるとき、量は問題ではありません。イエスはご自分の弟子たちに、ご自分のいつくしみのしるし、水路、あかし、となるよう求めておられます。

　この世界において、いかなる場合においても、どんな人に対しても、教会は神のいつくしみの秘跡以外であってよいはずがありません。ですからどのキリスト者も、いつくしみのあかし人となるよう招かれており、その招きは聖性への道を歩む中でのことなのです。神のいつくしみで心を満たされるがままにしておくことで、いつくしみ深くなれた聖人がどれだけいたかを考えてください。彼らは主の愛を具体的に表し、苦しんでいる人のさまざまな必要にこたえ、その愛を注ぎました。実に多くの愛のわざが開花する中に、キリストのいつくしみ深いみ顔の映しを見ることができます。

　心に聞いてみましょう。主の弟子にとって、いつくしみ深くなるとはどういう意味かを。それをイエスは、二つの動詞で説明しておられます。「ゆるす」（37節）と「与える」（38節）です。

　いつくしみは第一に、「ゆるし」として表されます。「人を裁くな。そうすれば、あなたがたも裁かれることがない。人を罪人だと決めるな。そうすれば、あなたがたも罪人だと決められることがない。ゆるしなさい。そうすれば、あなたがたもゆるされる」（37節）。イエスは人間による裁きの行程を覆そうとなさるのではなく、兄弟愛に基づく関係を築くには、裁きと断罪をやめなければならないと弟子たちに伝えようとしておられるのです。事実、ゆるしはキリスト教共同体の生活を支える柱です。それは、神が最初にわたしたちを愛してくださったという無償性を表すからです。キリスト者はゆるさなければなりません。一体どうしてでしょうか。自分たちがゆるされてきたからです。今日、この広場にいるわたしたちは皆、ゆるされてきました。わたしたちの中に、人生において神のゆるしが不要であった人はいません。自分がゆるされたのですから、ゆるさなければなりません。主の祈りの中で毎日それを唱えています。「わたしたちの罪をおゆるしください。わたしたちも人をゆるします」。わたしたちは数々の傷を負わせてきたことを、多くの罪をゆるされてきたのですから、自分も傷つけられたことや、多くのことをゆるすのです。このように考えれば、ゆるすことが容易になります。神がゆるしてくださったのですから、自分が他者をゆるさないことなど、どうしてできるでしょうか。自分は神よりも偉大なのでしょうか。ゆるしというこの支柱は、わたしたちを最初に愛してくださる神の愛の無償性を表しています。罪を犯した兄弟を裁き、断罪することは間違っています。それは罪を認識しようとしないためではなく、罪人を糾弾することは、その人との兄弟愛のきずなを断つことで、神のいつくしみをないがしろにすることだからです。神はご自分の子どものだれについても、糾弾することは望んでおられません。わたしたちには、過ちを犯している兄弟姉妹を断罪する権限はありません。わたしたちはその人より上の立場にいるわけではないのです。わたしたちにはむしろ、御父の子どもの尊厳をその人に取り戻し、その人の回心の道に寄り添う務めがあるのです。

イエスはご自分の教会に、わたしたちに、第二の柱も示しておられます。それは「差し出すこと」です。「ゆるすこと」が第一の柱であり、「差し出すこと」が第二の支柱です。「与えなさい。そうすれば、あなたがたにも与えられる。……あなたがたは自分の量るはかりで量り返されるからである」（38節）。神はわたしたちの功績に見合う以上にしてくださいますが、地上で寛大であった人に対しては、いっそう寛大になられます。イエスは、差し出すことをしない人がどうなるかについては何も言及していませんが、「はかり」の存在が警告となっています。自分が差し出した愛のはかりによって、わたしたちがどのように量られるか、どのように愛されるかが決まります。よく見れば、そこには整然とした論理があります。神から受けた分を自分の兄弟姉妹に差し出します。そして兄弟姉妹に差し出した分を、神から受けるのです。

したがって、いつくしみ深い愛こそが、進むべき唯一の道です。わたしたちは皆、もう少しいつくしみをもち、人を悪くいわず、人を裁かず、批判やねたみや嫉妬で人を「そしる」ことのないようにしなければなりません。わたしたちは人をゆるし、いつくしみをもち、愛をもって人生を生きなければなりません。この愛によってイエスの弟子たちは、イエスから受けたアイデンティティを見失うことなく、同じ御父の子どもだと認め合うことができるのです。彼らが生活の中で実践する愛のうちに、わたしたちは、決して滅びることのないこのいつくしみ（一コリント13・1―12参照）が映し出されているのを見るのです。どうか忘れないでください。いつくしみと差し出すこと、ゆるすことと差し出すことです。そうすれば心は大きく広がり、愛をもって成長します。利己心と怒りは心をしぼませ、石のように硬くさせます。皆さんはどちらをお望みですか。石の心ですか、それとも愛であふれた心ですか。愛にあふれた心を望むなら、いつくしみをもってください。

（二〇一六年九月二十一日、サンピエトロ広場にて）

十字架上のゆるし（ルカ23・39―43参照）

親愛なる兄弟姉妹の皆さん、おはようございます。

イエスが受難の中で発したことばは、ゆるしにおいて頂点に達します。イエスはゆるしてくださいます。「父よ、彼らをおゆるしください。自分が何をしているのか知らないのです」（ルカ23・34）。これはただのことばではなく、ご自分の隣にいた「よい盗人」に与えたゆるしとして具体的な行動になります。聖ルカは、イエスとともに十字架にかけられた二人の犯罪人について語っています。彼らは相反する態度でイエスと向き合います。

第一の犯罪人は、民衆全体がイエスをののしったように、その指導者がしたように、イエスをののしりました。しかしこの哀れな男は、絶望して吐き出します。「お前はメシアではないか。自分自身とわれわれを救ってみろ」（ルカ23・39）。この叫びは、死の神秘を目前にした人間の苦悩と同時に、神だけが死に解放をもたらしうるという悲壮な認識を証言しています。したがって、神から遣わされた救い主が、自身を救うために何もしないまま十字架上にいるなど考えられないことなのです。彼らにはそのことが分かりませんでした。彼らはイエスの犠牲の神秘を理解していませんでした。イエスは十字架上にとどまることで、わたしたちを救ってくださったのです。わたしたちは皆、十字架上にとどまること、日常の小さな十字架を負うことが簡単ではないことを知っています。イエスは、この重い十字架に、この重い苦しみの中に、そのようにとどまってくださり、そこで、わたしたちを救ってくださいました。そこで、ご自分の全能をお示しになり、そこで、わたしたちをゆるしてくださいました。そこで愛の贈り物は与え尽くされ、わたしたちの救いは永遠にほとばしり続けます。二人の犯罪人に挟まれた無実の人として十字架上で死ぬことにより、イエスは、どんな境遇にある人にも、たとえもっとも悲惨で痛ましい状況にあっても、神の救いが与えられることを証明しました。神の救いはすべての人のものであり、だれも締め出されてはいません。それはあらゆる人に与えられます。だからこそ聖年は、すべての人、善人にも悪人にも、健康な人にも苦しんでいる人にも、すべての人にとっての恵みといつくしみの時なのです。イエスが語った、ある王の息子の婚宴のたとえ話を思い出してください。王は客人が来ようとはしないのを見て、家来たちにいいます。「だから、町の大通りに出て、見かけた者はだれでも婚宴に連れて来なさい」（マタイ22・9）。わたしたち皆が招かれています。善人も悪人も――。教会は善人のためだけのものでも、善人そうに見える人や、自分を善人だと思い込んでいる人のためだけのものでもありません。教会はすべての人のためにあります。むしろ悪人が優遇されるともいえるでしょう。教会はいつくしみ深いからです。そしてこの恵みといつくしみの時がわたしたちに思い起こさせてくれるのは、何ものもキリストの愛からわたしたちを引き離すことはできない（ローマ8・39参照）ということです。病院で寝たきりの人、拘留されている人、戦争に巻き込まれている人にわたしは申し上げます。十字架をご覧になってください。神はあなたがたとともにおられます。神はあなたがたと一緒に十字架上にとどまり、わたしたち皆の救い主として、すべての人のためにご自分をささげておられます。ひどい苦しみを受けている人にわたしは申し上げます。イエスはあなたがたのために、わたしたちのために、すべての人のために十字架にかけられています。そうして福音の力があなたの心に注がれ、慰められるがままに身をゆだねてください。そうして希望を得、神のゆるしから締め出されないとの心の確信がもてますように。皆さんはこう尋ねるかもしれません。「でも神父様、生きている間に最悪なことをした、そんなわたしでもゆるされるチャンスがあるのですか」。「そうです、もちろんです。神のゆるしから締め出される人はだれもいません。イエスに抱きしめられたいいという願いをもって、悔い改める心でイエスに近づくだけでよいのです。

　これが第一の犯罪人でした。もう一人はいわゆる「よい盗人」です。彼のことばは悔い改める心のすばらしい例であると同時に、イエスにゆるしを求めるすべを学ぶための強烈なカテケージスでもあります。最初、彼はもう一人の犯罪人に向かっていいます。「お前は神をも恐れないのか、同じ刑罰を受けているのに」（ルカ23・40）。このように、彼は悔い改めの出発点を浮かび上がらせています。それは神への畏怖です。それは恐怖心ではありません。そうではなく、神に対する子としての畏敬です。それは神への恐怖心ではなく、相手が神であるがゆえに抱く崇敬の念です。神が父であるがゆえに抱く、子としての崇敬の念です。よい盗人は、神への信頼への突破口となる根本的な姿勢を思い出させてくれます。それは神の全能と、神の無限の優しさに気づくことです。それは神のための心と、そのいつくしみに信頼する心をもてるようにしてくれる、信頼に基づく畏敬の念です。

　その後、よい盗人はイエスの無実を宣言して、自分の罪をはっきりと告白します。「われわれは、自分のやったことの報いを受けているのだから、当然だ。しかし、このかたは何も悪いことをしていない」（ルカ23・41）。このように、イエスは十字架の上で、犯罪人とともにとどまっておられます。すぐそばにいることを通して、彼らに救いを与えます。指導者やもう一人の盗人、その場にいてイエスをあざけった群衆からすれば恥ずべきことが、よい盗人にとっては信仰の基盤です。こうして、よい盗人は神の恵みのあかし人になります。想像もできないことが起こったのです。神はわたしのために十字架上で死ぬほどに、わたしを愛してくださったのです。この男の信仰はまさに、キリストの恵みの実りです。彼は十字架上のキリストを、あわれな罪人である自分に向けられた神の愛を、じっと見つめています。彼は確かに盗人、強盗で、生涯にわたって盗みを働いてきました。しかし最後には、自分がしてきたことを悔い改め、優しくあわれみ深いイエスを見つめることによって、天国を奪うことができました。この人こそ、腕のいい盗人です。

よい盗人はイエスに直接、助けを求めます。「イエスよ、あなたのみ国においでになるときには、わたしを思い出してください」（ルカ23・42）。彼は信頼を込めて「イエス」と名を呼ぶことで、その名前が意味するものを告白しています。「主は救う」、これが「イエス」の名の意味です。それが「イエス」という名前の意味です。この男は、自分のことを思い出してくださいとイエスに願います。このことばには、どれほどの感受性と人間らしさがあるでしょう。それは、見捨てられることなく、神がいつでも近くにいてくださることを求める人間の願いです。こうして、死刑を宣告された男は、イエスにより頼むキリスト者の模範となります。死刑宣告を受けた男は、わたしたちの手本、人間の手本、イエスにより頼むキリスト者の手本です。また、典礼を通して「思い起こしてください」愛をもってわたしを心に留めてください」と何度も主に願い求めている教会にとっても模範です。

よい盗人は「あなたのみ国においでになるときには」と未来について話しますが、イエスの答えは期待していたものとは異なります。イエスは今について語ります。「あなたは今日わたしと一緒に楽園にいる」（43節）。十字架上におられるときに、キリストの救いは最高潮に達します。そして、よい盗人に対するキリストの約束は、ご自分の使命――罪人を救うことです――を果たされたことを明らかにしています。イエスは活動の最初に、ナザレの会堂で「捕らわれている人に解放を」（ルカ4・18）と告げました。エリコでは、人から罪人とみなされていた徴税人ザアカイの家で、「人の子――つまりご自身――は、失われたものを捜して救うために来た」（ルカ19・10）と宣言しました。十字架上での最後の行いは、この救いの計画の実現を確かなものとします。終始一貫して、イエスはご自分を神のいつくしみとして、御父の愛の決定的で唯一の受肉として現されました。イエスはまさに、御父のいつくしみのみ顔です。

そしてよい盗人は、イエスをその名で呼びました。――「イエス」。これは短い祈りです。わたしたちも起きている間、何度でもそれができます。「イエス」――。「イエス」、ただそれだけです。同じように、一日中、これを口にし続けるのです。

（二〇一六年九月二十八日、サンピエトロ広場にて）

身体的な慈善のわざと精神的な慈善のわざ

親愛なる兄弟姉妹の皆さん、おはようございます。

これまでの講話では、神のいつくしみの偉大な神秘についてたどってきました。まず旧約聖書における御父のわざについて考え、それから福音の物語を見ながら、イエスがどのようにそのことばと行いによって、あわれみの受肉になっておられるかを見てきました。イエスは次にご自分の番として、弟子たちに教えました。「あなたがたの父があわれみ深いように、あなたがたもあわれみ深い者となりなさい」（ルカ6・36）。これは、それぞれのキリスト者の意識と行動を問う責務です。事実、人生の中で神のいつくしみを体験するだけでは十分ではありません。それを受けた人はだれしもまた、他の人のためのしるしや道具とならなければならないのです。しかもいつくしみは、特別な時のために留保されているのではなく、わたしたちの日常生活全体に及ぶものなのです。

では、どうすればいつくしみのあかし人となれるのでしょうか。それを、たいへんに苦労して、あるいは超人的な行為によってなし遂げることであるとは思わないでください。違います。そういうものではありません。主は、ささやかな行い――けれども主の目から見ればとても価値のあるもの――から成る、もっとずっと単純な道をわたしたちに示しておられます。わたしたちがそれよって裁かれることになる行為とイエスが語っておられること程度のものです。事実、マタイによる福音書のもっとも美しい箇所の一つが教えることは、いつくしみのわざを直接、身をもって体験した福音記者によって記された、いわば「イエスの契約」と考えられるものです。イエスは、わたしたちが飢えている人に食べさせ、渇いている人に飲ませ、着るものをもたない人に服を着せ、外国人を受け入れ、病者や受刑者を訪ねるのは、ご自分にしているのと同じだといっておられます（マタイ25・31―46参照）。教会はそれらのわざを「身体的な慈善のわざ」と呼んでいます。それらは、物質的困窮を抱えた人を助けるわざだからです。

一方、「精神的な」と呼ばれる別の七つのわざもあります。これらは、同じく深刻な――今日とくに深刻な――要望にかかわるものです。それは人々の内奥に及び、しばしばいっそうの苦しみとなっているからです。ここで、共通語になっている一つのわざを思い出しましょう。「煩わしい人を辛抱強く耐え忍ぶこと」。煩わしい人は確かにいますね。これは、苦笑してしまうような、大したことではないように思われますが、深い愛徳の思いが込められています。他の六つの精神的な慈善のわざも同様です。それらのわざを思い起こしましょう。疑いを抱いている人に助言すること、無知な人を教えること、罪人を戒めること、悲嘆にうちひしがれている人を慰めること、もろもろの侮辱をゆるすこと、そして生者と死者のために祈ることです。これらはまったく日常的なことです。「でもわたしも苦しんでいるので……」。「でもまあ、その人のことは神が助けてくださるでしょう。わたしには時間がなくて……」。だめです。わたしが立ち止まって、その人に耳を傾けます。自分の時間を費やして、その人をなぐさめる――、それこそ慈善の行為です。それはその相手のためにだけでなく、イエスに対してしていることなのです。

これからの講話では、こうしたわざについて、いつくしみを具体的に生きる方法として教会が示しているものについて考えていきます。何世紀もの間、本当に多くの平凡な人たちがこれを実行し、それによって本物の信仰をあかししてきました。教会もまた、自らの主に忠実に、もっとも弱い人たちを優先する愛をはぐくんでいます。わたしたちの助けを必要とする人たちが、すぐ身近にいることは珍しくありません。その取り組みをなし遂げるためにと、どこかへ行く必要はないのです。いちばん小さなことから始めるべきです。主は、それがすぐにでも必要なことだといっておられます。無関心というウイルスに残念ながら冒されてしまったこの世界において、慈善のわざは特効薬です。事実それらは、わたしたちの「兄弟であるこのもっとも小さい者の一人」（マタイ25・40）が何よりも必要とするものに気を配るよう教えています。イエスはそうした人たちの中におられます。イエスはいつもそこにおられます。何かが必要とされるところ、身体的もしくは精神的な必要を抱えた人がいるところ、そこにイエスはおられます。困っている人の中におられるイエスのみ顔に気づくことは、無関心を克服するための真の挑戦です。イエスはわたしたちを、つねに注意深くある者にしてくださり、相手がイエスだと気づかずに通り過ぎることがないようにしてくださいます。聖アウグスティヌスのことばが思い出されます。「わたしは主が通り過ぎて行かれるのを恐れる（Timeo Iesum ranseuntem）」（説教88・14・13）。そしてもっとも小さな者の姿で、困っている人の姿で、わたしの前を通り過ぎる主に気づかずにいること、その人こそイエスだと分からないでいることを恐れることです。主だと気づかないうちに、主が通り過ぎてしまうことをわたしは恐れます。聖アウグスティヌスはなぜ、イエスが通り過ぎてしまうのではないかと恐れるといったのでしょうか。残念ながら、その答えはわたしたちの態度にあります。わたしたちはしばしばぼんやりしていて、無関心でいて、主がそばを通り過ぎても、主と出会う機会を逸してしまいます。

慈善のわざは、信仰を生き生きした活力あるものにし、愛のわざを伴うものにする必要と能力を、わたしたちの中に再び呼び起こしてくれます。こうしたささやかで日常的な行為を通して、かつてのような、真の文化的革命が果たせるのだとわたしは確信しています。もしわたしたち一人ひとりが、毎日、それらのわざの一つを行えば、世界に革命が起きるでしょう。ただし全員、わたしたちめいめいがしなければなりません。そのなし遂げた偉業によってではなく、継承することのできる愛のわざのために、今日でも人々に記憶されている聖人はなんと多いことでしょう。先ごろ列聖された、マザー・テレサのことが思い出されます。わたしたちが彼女のことを忘れないのは、世界中に多くの施設を開いたからではなく、路上で出会ったすべての人の前に身をかがめ、彼らの尊厳を取り戻そうとしたからです。どれだけ多くの捨てられた子どもたちをその腕に抱いたことでしょう。どれだけ多くの死に行く人の手を取り、永遠への旅立ちに寄り添ったことでしょう。こうした慈善のわざは、イエス・キリストのみ顔の輪郭をなぞるものです。イエスは、もっとも小さい兄弟姉妹一人ひとりに神の優しさと寄り添いを届けるために、彼らに心を配ってくださいます。聖霊にかき立てられ、こうした生き方をしたいという強い願いが心の中に燃え立つよう、聖霊に助けを祈りましょう。少なくとも一日一度、せめてそのくらいはそうであってほしく思います。身体的な慈善のわざと精神的な慈善のわざについて学び直しましょう。そして、それらを毎日、そして困っている人の中にイエスを見いだしたときに実行できるよう、主の助けを願い求めましょう。

（二〇一六年十月十二日、サンピエトロ広場にて）

飢えている人に食べさせ、渇いている人に飲ませること

親愛なる兄弟姉妹の皆さん、おはようございます。

いわゆる「豊かさ」の結果なるものが、時に人を自分の殻に閉じこもらせ、他者の必要に対して鈍感にしてしまうことがあります。数年経てば失われる刹那的なライフスタイルを示すことによって欺くために、あらゆる手段が用いられます。まるで、わたしたちの人生は、季節ごとに変化して、それを追いかけなければならない流行であるかのようです。しかし、そうではありません。現実はあるがままに受け入れ、立ち向かうべきものであり、しばしばわたしたちを差し迫った窮迫に直面させます。だからこそ、慈善のわざの中には、飢えている人と渇いている人への言及があるのです。飢えている人――今日、とても多くいます――に食べさせ、渇いている人に飲ませることです。メディアが、食料と水の不足に苦しんでいる人たち、とくに子どもたちに

ついて、どれほど繰り返し報道しているでしょう。

確かなニュース、とりわけ映像に触れて世論が高まり、連帯を促すキャンペーンが次々に立ち上げられています。惜しみなく献金が集まり、それによって多くの人の苦しみの軽減に貢献できます。こうした愛のわざは重要です。けれどもそれは大抵、わたしたちを直接巻き込むものではありません。通りを歩いているときに困窮している人に出会うとか、貧しい人が物乞いで自宅に来たりしているのとは、まったく違います。彼らはもはや映像ではなく、自分が一人称でかかわる相手だからです。自分とその人の間にはもはや距離はなく、問われているのを実感します。観念的に存在する貧困は、わたしたちを考えさせ、心を痛めさせはしますが、問い詰めはしません。一方、生身のからだをもった、男の人、女の人、子どもの貧困が目の前にあれば、わたしたちは直接問われるのです。そうなると、わたしたちは困窮している人を避け、距離を取る癖がつきます。悲惨な事態から目を背け、彼らとの間に距離を置くという時流に流されてしまうのです。貧しい人と出会えば、その人と自分との間には、もう距離などありません。そんなときわたしは、どう対応するでしょうか。目をそらして通り過ぎるでしょうか。それとも立ち止まって話しかけ、その人の境遇に関心を寄せるでしょうか。もしそんなふうにすれば、「貧しい人に話しかけるなんて、頭がおかしくなったの」という人が必ず現れます。どうにかしてその貧しい人を受け入れられないかと考えるでしょうか。それとも、できるだけ早くその人から離れようとするでしょうか。しかしきっとその人は、ただ必要なものを、食べ物か飲み物を求めているだけなのです。ちょっと考えてみましょう。「主の祈り」を唱えながらも、「わたしたちに日ごとの糧をお与えください」ということばにきちんと注意を払っていないことが、どれだけあるでしょうか。

聖書で詩編作者が、神は「すべて肉なるものに糧を与えるかた」（詩編136・25）と語っています。飢えの体験は厳しいものです。戦争や飢餓を経験した人は、その厳しさを知っています。それでもこうした体験は日々繰り返され、豊かさや浪費のすぐ脇に同居しています。使徒ヤコブのことばは現代にも当てはまります。「わたしの兄弟たち、自分は信仰をもっているという者がいても、行いが伴わなければ、何の役に立つでしょうか。そのような信仰が、彼を救うことができるでしょうか。もし、兄弟あるいは姉妹が、着る物もなく、その日の食べ物にも事欠いているとき、あなたがたのだれかが、彼らに、『安心して行きなさい。温まりなさい。満腹するまで食べなさい』というだけで、からだに必要なものを何一つ与えないなら、何の役に立つでしょう。信仰もこれと同じです。行いが伴わないなら、信仰はそれだけでは死んだものです」

（ヤコブ2・14―17）。なぜなら、そのような信仰は、何かをすることも、慈善のわざも、愛することもできないからです。飢えている人、渇いている人、わたしの助けを必要としている人は必ずいます。このことをだれかに任せきりにはできません。この貧しい人は、わたしを、〝わたしの〟助けを、〝わたしの〟ことばを、〝わたしの〟かかわりを必要としています。すべての人が、このことにかかわっているのです。

　福音書のあの出来事も教えています。イエスはご自分の後をずっと追ってきた大勢の群衆をご覧になり、弟子に尋ねます。「この人たちに食べさせるには、どこでパンを買えばよいだろうか」（ヨハネ6・5）。弟子たちは答えます。「無理です。群衆を解散させてもらえたらいいのですが……」。ところがイエスは彼らにいいます。「それではいけません。あなたがたが彼らに食べる物を与えなさい」（マタイ14・16参照）。イエスは、わずかなパンと魚を手に取り、それらを祝福し、裂いて、皆に配りました。これはわたしたちにとって、とても大切な教えです。少ししかもっていなくても、イエスの手にそれをゆだね、信仰をもって分かち合うなら、それはあふれるほど豊かになることをわたしたちに伝えています。

　教皇ベネディクト十六世は、回勅『真理に根ざした愛』の中で次のように断言しています。「飢えている人に食べさせるとは、……普遍教会の倫理的責務です。……食糧への権利と水への権利は、基本的生存権に始まる他の諸権利を追求するうえで、重要な位置を占めます。したがって、分け隔てもなく、すべての人間の普遍的権利として、食糧と水の利用を考える公共の良心を育てることが必要です」(27)。イエスのことばを心に刻みましょう。「わたしがいのちのパンである」(ヨハネ6・35)。「渇いている人はだれでも、わたしのところに来て飲みなさい」(同7・37)。このことばは、わたしたち信者すべてに向けられた叱咤激励です。飢えている人に食べさせ、渇いている人に飲ませることを通して、ご自分のいつくしみのみ顔をイエスを通して現された神と、わたしたちとの間で関係が強まることを認識するようにとの叱咤激励です。

(二〇一六年十月十九日、サンピエトロ広場にて)

旅をしている人に宿を貸し、裸の人に着せること

親愛なる兄弟姉妹の皆さん、おはようございます。

身体的な慈善のわざについて、引き続き考えましょう。主イエスは、わたしたちの信仰を生きたものに、ダイナミックなものにしておくために、これらのわざをわたしたちにおゆだねになりました。事実、このわざが明確に伝えているのは、キリスト者は、汗をかかずに怠けて終わりの日の主との対面を待つのではなく、助けを求める多くの人の中にイエスの顔を見いだしながら、イエスに毎日会いに出掛ける者であるということです。今日はイエスの次のことばを深めましょう。「お前たちは、わたしが旅をしていたときに宿を貸し、裸のときに着せてくれた」（マタイ25・35―36）。今の時代、外国人のための活動が、これまで以上に現実のものとなっています。経済危機、武力紛争、気候変動により、多くの人が移住を余儀なくされています。しかし移住は新しい現象ではなく、人間の歴史に付きものです。これを近年の現象としてのみ考え

るのは、歴史認識の欠如です。

聖書は、移住の多くの具体例をわたしたちに示しています。アブラムを思い出すだけで分かります。神の呼びかけは、故郷を離れて他の国に行くよう彼を促します。「あなたは生まれ故郷、父の家を離れて、わたしが示す地に行きなさい」（創世記12・1）。イスラエルの民も同様です。彼らは奴隷として働いていたエジプトから出て、神から約束された地にたどり着くまで、四十年間砂漠をさすらいました。聖家族――マリア、ヨセフ、そして幼子イエス――でさえ、ヘロデ王の脅威から逃れるために移住を余儀なくされました。「ヨセフは起きて、夜のうちに幼子とその母を連れてエジプトへ去り、ヘロデが死ぬまでそこにいた」（マタイ2・14―15）。人類の歴史は移住の歴史です。どの緯度上にあっても、移住という現象を知らない民族などいません。

何世紀にもわたり、わたしたちはすばらしい連帯を目にしてきました。社会的緊張がなくなったためしはありませんが、それでも連帯してきました。今日、経済危機を背景に、悲しいことに、閉鎖的で排他的な姿勢が助長されています。世界のいくつかの地域では、壁や塀が築かれています。難民と移住者の救済と支援のために、さまざまなかたちで精一杯尽くしてきた多く人の陰ながらの働きが、衝動的なエゴイズムによってまくしたてられる騒音でかき消されてしまうかに思えることも少なくありません。しかし、閉鎖は解決にはならず、むしろ違法な取引を促すだけです。連帯こそ、唯一の解決策です。移住者との連帯、外国人との連帯です。

この分野におけるキリスト者の貢献は、かつてないほど緊急性を帯びています。二十世紀に目を向ければ、聖フランチェスカ・カブリーニ修道女のすばらしい姿が思い出されます。彼女は仲間とともに、アメリカ合衆国に渡る移民のために生涯をささげました。今日でも、困窮した大勢の人のもとにいつくしみが届くよう、わたしたちにはこうしたあかしが必要です。これはすべての人がかかわる責務であり、含まれていない人などどいないのです。教区、小教区、修道会、活動体や運動団体は、一人のキリスト者としても、戦争、飢餓、暴力、劣悪な生活環境から逃れてきた兄弟姉妹を受け入れるよう呼ばれています。わたしたちが一丸となれば、故郷、家族、仕事、そして尊厳を失った人たちの大きな助けとなります。数日前、この町でちょっとした出来事がありました。道を探す一人の難民がいて、そこに一人の女性が近づいて尋ねました。「一体何を捜しているのですか」。難民の彼は靴をはいていませんでした。そしていいました。「サンピエトロ大聖堂に行って聖なる扉を通りたいのです」。彼女は思います。「靴もはいていないのに、歩いて行けるかしら」。そしてタクシーを呼びます。ところがこの移住者、この難民は不快な臭いがしていたため、運転手は乗ってほしくなかったのですが、結局は彼を乗せました。すると女性は難民の隣に座り、道すがら、彼の難民と移住者としての大まかないきさつを尋ねました。目的地までは十分ほどでした。その人は、苦しみ、戦争、飢えを味わった身の上を話し、故郷を離れてこちらに移住した理由を語りました。目的地に着くと、彼女は自分の財布を開いて運転手に料金を払おうとしました。すると、最初は臭いを気にして移住者を乗せたくはなかった運転手はこういいました。「いいえ、奥さん。お代は要りません。わたしの心を変えるような話を聞かせてもらったのですから、こちらがお支払いすべきかもしれません」。この女性は、移住者の苦しみがどんなものかを知っていました。彼女にはアルメニア人の血が流れており、その民族の苦しみを知っていたからです。わたしたちが同じようなことをするときには、最初は少し迷惑なので拒みます。「臭い……」といった具合にです。でも最後に、この話はわたしたちの魂に芳しい香りを与え、わたしたちを変えます。この話について考えてください。そして、難民のために自分ができることを考えましょう。

もう一つは、裸の人に着せる、です。尊厳を失った人にそれを取り戻そうとしないのは、どういうことであるかについてです。確かにこれは、衣服のない人に服を与えることではありますが、人身売買の犠牲となった女性たち、路上生活者、さらには人体を、未成年であろうとも、売買の対象としてあまりにもさまざまに利用していること、それらについて考えるべきなのです。同様に、仕事のないこと、住む家のないこと、適正な賃金を得られないこと、人種や信仰のために差別されること、そのどれもが「服がなく裸」の状態です。こうした状態に対してキリスト者であるわたしたちは、関心を向け、注意を払い、いつでも行動できるよう備えていなさいと呼びかけられています。

親愛なる兄弟姉妹の皆さん。自らの中に閉じこもり、兄弟姉妹の必要に無関心で、自分の利益しか考えないでいる、そのような落とし穴に陥らないようにしましょう。いのちが実り豊かなものとなり、社会が平和を取り戻し、人々が自らの尊厳を完全に取り戻せるかどうかは、わたしたちが自分を開けるかどうかにかかっています。あの女性のことを、不快な臭いのしていたあの移住者のことを、そしてその移住者によって心を入れ替えたあの運転手のことを、忘れないでください。

（二〇一六年十月二十六日、サンピエトロ広場にて）

病者と受刑者のもとを訪れること

親愛なる兄弟姉妹の皆さん、おはようございます。

イエスの生活では、とくにその公生活の三年間には、人との出会いが絶えることはありませんでした。なかでも、病者は特別でした。福音書のいかに多くの箇所が、そうした出会いを語っていることでしょう。身体の麻痺した人、目の見えない人、ひどい皮膚病の人、悪霊に取りつかれた人、てんかんの人、そしてありとあらゆる病人が数えきれないほどいます。イエスはその一人ひとりに近づき、ご自分の存在とそのいやしの力で彼らをいやしました。したがって、慈善のわざの中でも、病者のもとを訪れ、彼らに寄り添うことは欠かせません。

それに加えて、受刑者に寄り添うこともまた慈善のわざに含まれます。事実、病者も受刑者も自由が制限された境遇にいます。自由は、失って初めてその価値が分かるものです。イエスは病気や拘留という束縛があることとは別に、自由になる可能性をわたしたちに与えてくださいます。ご自分との出会いと、その出会いがわたしたち一人ひとりの状況にもたらす新しい意味が生み出す自由を、わたしたちに与えてくださいます。

こうした慈善のわざを通して主は、すばらしい人間らしい行いにわたしたちを招いておられます。それは、分かち合うことです。このことばを忘れないようにしましょう。分かち合うことです。病気の人は、孤独を感じがちです。とくに現代では、病気のときこそ普段よりもずっと孤独を感じてしまうのは、紛れもない事実です。見舞いに行くことは病気の人の孤独感を和らげますし、ちょっとした付き添いは最高の治療薬です。微笑むこと、優しく触れること、手を握ること、それらは簡単なしぐさですが、見捨てられたと感じている人にとっては、本当に大切なものです。どれだけの人が、病院や自宅にいる病者のもとを訪問しているでしょう。それは、自由意思によるすばらしい行為です。主の名において行われるなら、いつくしみの雄弁で目に見える表れとなります。病気の人を独りぼっちにしておいてはなりません。慰めを得ようとする彼らをくじかせることのないようにし、そして苦しんでいる人に寄り添うことでわたしたちが豊かにされるのを妨げることのないようにしましょう。病院は真実「苦しみの大聖堂」ですが、協力的で思いやりにあふれる慈善のわざの力が、はっきりと表れる場でもあります。

同様に、刑務所に収容されている人のことにも思いをはせます。イエスは彼らのことも顧みられます。受刑者を訪問することを慈善のわざに加えることでイエスがわたしたちに促しておられるのは、第一に、だれをも裁いてはならないということです。もちろん、刑務所にいるということは、何か悪いことをして法や社会規範に違反したということです。だから、刑務所で刑に服しています。しかし、してしまったことが何であれ、それでもなおその受刑者は、神から愛されているのです。その人の良心の奥底に入って行って、その人が何を思っているかを知ることのできる人などいるでしょうか。その人の苦しみや自責の念をだれが把握しうるでしょうか。自分が関係なければ、過ちを犯したのだと断言するのはとても簡単です。むしろキリスト者に求められるのは、悪いことをした人が自分のした悪いことを認めて立ち直れるよう、自分も荷を負うことなのです。自由の欠如は、人間にとって間違いなくもっとも重大な喪失です。加えて、そうした人たちが生活する人間性を無視した状態といえるような劣悪な環境を考えれば、まさにそこは、キリスト者が彼らの尊厳を取り戻すために尽力したいと心動かされる場なのです。

受刑者を訪問することは慈善のわざで、今日、とりわけ重要性を帯びています。わたしたちはさまざまなかたちの正義主義の風潮にさらされているからです。ですから、だれもが人に向かって指を指してはなりません。皆で、分かち合いと敬意のある姿勢をもって、いつくしみの道具となりましょう。わたしはしばしば受刑者のことを思います。たびたび彼らを思い、心に留めています。彼らに罪を犯させたものが何で、さまざまな悪にどのように屈してしまったのだろうかと考えます。その一方で、わたしは彼らが皆、人の寄り添いと優しさを求めているようにも思います。神のいつくしみには驚きが伴うのです。それまで泣いたこともなかった受刑者の頬に涙が伝うのを、何度目にしたことでしょう。それは彼らが、受け入れられている、愛されていると感じたからにほかならないのです。

それに、イエスも使徒たちも牢獄に入れられたことも忘れてはなりません。受難物語によってわたしたちは、主が受けた苦しみを知っています。捕らえられ、悪漢であるかのように引きずられ、ばかにされ、むち打たれ、茨《いばら》の冠をかぶせられました。そのかたは、まったくの無実なのにです。聖ペトロと聖パウロも牢獄に入れられましたた(使徒言行録12・5、フィリピ1・12—17参照)。この前の日曜日は囚人のために聖年を祝う主日で、午後にわたしは、パドヴァから来た受刑者のグループと会いました。パドヴァに戻る前に、明日は何をする予定かと尋ねると、彼らはこう答えました。「聖パウロの体験を分かち合うために、マメルティヌスの牢に行くつもりです」。これはすばらしいことです。それを聞いてうれしくなりました。その受刑者たちは、牢に捕らわれたパウロに会いたいと願っていました。それは素敵なことで、わたしはうれしかったのです。牢獄の中でも、彼らは祈り、福音を告げました。使徒言行録の、パウロの獄中生活を記した箇所は感動的です。孤独を覚え、友人がだれか来てくれるよう願っています（二テモテ４・９―15参照）。偉大なパウロも、大半の人から見離されて、孤独だったのです。

このように、これらの慈善のわざは古くからあるものですが、今まさに必要とされています。イエスも、していたことをやめて、ペトロのしゅうとめを訪ねました。このように、古くからの慈善のわざです。イエスもそれをなさいました。無関心にならずに、神のいつくしみの道具になりましょう。わたしたちは皆、神のいつくしみの道具になることができます。そのことは、他者を幸せにする以上に、わたしたち自身を幸せにします。なぜなら、いつくしみはしぐさやことば、訪問を通して伝わるものであると同時に、喜びと尊厳を、それを失った人に取り戻す行為でもあるからです。

（二〇一六年十一月九日、サンピエトロ広場にて）

煩わしい人を辛抱強く耐え忍ぶこと

親愛なる兄弟姉妹の皆さん、おはようございます。

今日の講話では、わたしたちがよく知っていながら、求められているほどには実行していない慈善のわざについて考えたいと思います。煩わしい人を辛抱強く耐え忍ぶことです。わたしたちにとって、ある人を煩わしい人であると決めつけるのはお手のものです。道でだれかに会ったとき、電話がかかってきたとき、すぐに思います。「この人の不満、おしゃべり、要求、自慢を、どれだけ聞かねばならないのか」。他にも、煩わしい人がごく身近な人の中にいることもあります。親戚の中には必ずいます。職場にもいます。自由な時間にでさえ、そうした人から逃れられません。煩わしい人にどのように接したらよいのでしょう。けれどもわたしたちもまた、ほかの人にとって煩わしい人であることはしょっちゅうなのです。なぜ、煩わしい人を辛抱強く耐え忍ぶことも慈善のわざに加えられたのでしょうか。

聖書には、まさに神がご自分の民の不平に耐えるために、いつくしみをもたねばならないことが記されています。たとえば出エジプト記では、民は本当に耐えることができません。彼らはまず、エジプトでの奴隷状態を嘆き、神が民を解放してくださると、今度は荒れ野で、食べ物がないと不平をいいます（16・3参照）。そこで、神は彼らにうずらとマナを送りましたが（同16・13―16参照）、それでも不平は収まりません。モーセは神と民との間を執り持ちましたが、モーセ自身もたびたび主を煩わせました。しかし神は辛抱し続け、信仰のために不可欠なこのことをモーセと民に教えてくださいました。

そこで、第一の疑問が生じます。自分には、時にはほかの人を煩わせているのではないかと振り返る良心はあるだろうか――。ほかの人の欠点や短所を指摘するのは簡単ですが、それを自分自身に当てはめることを学ばなければなりません。

何よりもまず、イエスに目を向けましょう。イエスは公生活の三年の間、どれほど忍耐を求められたことでしょう。あるときイエスが弟子たちと歩いていると、ヤコブとヨハネの母親に引き留められました。そして彼女はいったのです。「王座にお着きになるとき、この二人の息子が、一人はあなたの右に、もう一人は左に座れるとおっしゃってください」（マタイ20・21）。このお母さんは、自分の息子たちのためにとイエスに働きかけています。お母さんですから……。そうした場面でも、イエスは根本的な教えを伝えようとします。つまり、イエスの王国は力で支配する国でもなく、地上の王国のように栄誉に満ちたものでもなく、他者に奉仕し与える国だと。つねに本質に立ち帰り、自分の使命を責任をもって引き受けるためにさらに先を見るようにと、イエスは教えておられます。ここには他の精神的な慈善のわざへの招きも見られます。そのわざとは、罪人を戒めることと、無知な人を教え導くことです。信仰と人生を豊かにするよう人々を助けるためになされる偉大な働きについて考えてみましょう。たとえば、カテキスタ――そこにはたくさんの母親や大勢の修道女がいます――は、少年少女に信仰の基本的なことがらを教えるために時間を割いています。子どもたちが要理を勉強するより遊びたいと思っているときなどは、どれほど大変なことでしょう。

本質的なものの探究に寄り添うことは、すばらしく、大切なことです。それによってわたしたちは、いのちの意味を味わう喜びを分かち合えるからです。わたしたちは、表面的で刹那的で凡庸なものに執着する人にたびたび出会います。そうしたものとは違うものを探究し、真の宝を味わうようにと促してくれる人に出会えなかったためにそうなってしまった人もいます。本質的なものに目を向けるよう導くことは、決定的な救いの手となります。方向性を見失い、束《つか》の間《ま》の満足感を追い求めているような今の時代においてはなおのことです。主がわたしたちに求めておられること、またそれにどのようにこたえるのかということに気づけるよう導くことは、自分の召命を通して成長する歩みであり、真の喜びの歩みを始めることです。ですからイエスは、ヨハネとヤコブの母親に、そして弟子全員に、ねたみ、野心、こびへつらいといった、わたしたちキリスト者をもつねに待ち構えている誘惑を指摘しています。助言し、戒め、教えるよう求められることで、自分はほかの人よりも優れていると思うようになってはなりません。むしろ、他者に要求する者として自分がふさわしいかどうかを確かめるために、自らを振り返ることが何よりも必要です。イエスのことばを忘れないようにしましょう。「あなたは、兄弟の目にあるおが屑《くず》は見えるのに、なぜ自分の目の中の丸太に気づかないのか」（ルカ6・41）。わたしたちが辛抱強く耐え、助言する際には謙虚で気取らない態度でいることができるよう、聖霊が助けてくださいますように。

（二〇一六年十一月十六日、サンピエトロ広場にて）

助言することと教えること

親愛なる兄弟姉妹の皆さん、おはようございます。

特別聖年が閉幕し、今日は平常に戻っていますが、慈善のわざについての考察がまだ少し残っていますので、それを続けましょう。

今日は、それぞれが密接に結びついている、二つの精神的な慈善のわざについて考えます。疑いを抱いている人に助言することと、無知な人、つまり知らないでいる人に教えることです。無知な人とは強烈すぎることばですが、教わる必要のあることがらについてまだ知らないでいる人という意味です。このわざは、単純な、家庭といった、だれもがかかわる側面で受ける場合もあれば、とくに後者については、より組織的で制度化された場で受ける場合もあります。たとえば、どれほどの子どもたちが、今なお非識字に苦しんでいるかを考えてください。信じられないことです。これほどまでに科学技術が進歩した世界に、読み書きのできない子どもたちがいるのです。それは正義に反します。こんなにも多くの子どもたちが教育を受けられずにいるのです。これは人間の尊厳そのものを脅かす、ひどい不正の状態です。教育を受けなければ、容易に搾取の餌食《えじき》や、さまざまなかたちでの社会的弱者となってしまいます。

教会は何世紀にもわたり、教育の分野にかかわる必要性を感じてきました。福音を告げ知らせるという教会の使命には、もっとも貧しい人に尊厳を回復させる責任も伴うからです。二世紀にここローマで、キリスト者が聖書に関する理解を深められるようにと「学校」を開いた聖ユスティノに始まり、無償で教育を行う欧州で最初の公立学校を開いた聖ヨセフ・デ・カラサンスに至るまで、さまざまな時代で、もっとも恵まれない人に教育を施した聖人聖女の名は枚挙にいとまがありません。貧困と差別はこれによって克服できることを、彼らは知っていたのです。実に多くのキリスト者が、信徒、男女の奉献生活者、司祭が、教育に生涯をささげ、子どもや若者の教育に尽力してきたことでしょう。これは偉大なことです。皆さん、拍手をもって彼らをたたえましょう。教育の分野のこうした先駆者たちは、この慈善のわざを深く理解し、当時の社会そのものを変えるほどの生き方を示しました。彼らは、単純な働きとわずかな施設で、多くの人に尊厳を回復させることができました。彼らが施した教育は多くの場合、労働へと向かわせるものでした。では、聖ヨハネ・ボスコについて考えてみましょう。彼はまずオラトリオとよばれる青少年の集いから始め、次に学校と作業所を立ち上げ、路上にいる少年労働者を指導しました。そこから、多種多様な専門学校が生まれ、人間としての価値とキリスト教の価値観についての教育を受けながら働くことが可能になりました。このように、教育は福音宣教の独自のかたちなのです。

教育が充実すればするほど、生きるうえでだれもが必要とする自信や知識を得る人が増えてきます。よい教育は、幅広い知識を基にして、何らかのかたちでの疑いをもつこと——それは、追求し得られた結果を吟味することに役立ちます——も含む、批判的方法を教えます。ですが、疑いを抱いている人に助言するという慈善のわざは、この種の疑いとは無関係です。疑いを抱いている人にいつくしみを示すことは、むしろ、恐怖や不安——疑いから生まれるもの——によってもたらされる、あの苦痛や苦悩を和らげることです。したがって、これは真に愛のわざであり、不確かさから生じる弱さをもつ人を支えようとする行為です。

皆さんの中には、こう尋ねる人がおられるかもしれません。「でも神父様、わたしは信仰について引っかかることがたくさんあります。どうしたらよいでしょうか。神父様は何の疑いも抱かないのですか」。わたしにも多くの疑問があります。だれだって、時には疑問をもって当然です。信仰に関する前向きな疑問は、神、イエス、わたしたちへのその愛という神秘を、より深く理解したいという気持ちの表れです。「わたしは疑問があります。自分がどうすべきかについて、探究し、学び、考察し、助言を求めているのです」。それは成長させてくれる疑問です。自分の信仰に疑問をもつことは、それによって信仰が深められるのですから、よいことなのです。しかし、疑問は解決されるべきものでもあります。そのためには、神のことばを聞き、みことばが教えることをしっかりと理解しなければなりません。そのことに非常に役立つ重要な方法は、カテケージスです。信仰の告知はカテケージスを通して、個人と共同体の実生活の中で、わたしたちと出会うものです。それと並び、同じくらい重要なもう一つの方法があります。それは、できるかぎりの力をもって、信仰を生きるという方法です。信仰を、疑問を増幅させる抽象的理論にしないことです。むしろ、信仰をわたしたちの生活にしましょう。兄弟姉妹、とりわけもっとも困窮している人のために尽くすことを通して、信仰を実践するよう努めましょう。そうすれば、多くの疑問が消えてしまいます。神の現存を感じると同時に、愛――わたしたちの功績とは無関係にわたしたちの中にあり、他の人と分かち合うもの――に向かう福音の真価を知るからです。

兄弟姉妹の皆さん。このように、この二つの慈善のわざは、やはりわたしたちの生活から懸け離れたものではありません。わたしたちは皆それぞれ、それらを行うよう努力することができます。それは、神の愛の神秘は知恵ある者や賢い者にではなく、幼子のような者に明かされているといわれた主のことば（ルカ10・21、マタイ11・25―26参照）を実行に移すためです。したがって、わたしたちが伝えるべきもっとも深遠な教え、疑問を払拭する確実な道は、神の愛です。その愛で、わたしたちはずっと愛されているのです（一ヨハネ4・10参照）。偉大な、無償で永遠に与えられる、愛です。ご自分の愛をもって、神は決して後ずさりなさいません。必ず前へと進んでおられ、待ってくださいます。神はわたしたちに、永遠にその愛をお与えになります。だからこそ、わたしたちは兄弟姉妹にいつくしみを示すことで、その証人となる責任をしっかり感じなければならないのです。ご清聴ありがとうございます。

（二〇一六年十一月二十三日、パウロ六世ホールにて）

生者と死者のために神に祈ること

親愛なる兄弟姉妹の皆さん、おはようございます。

いつくしみに関する連続講話は、今日で終わります。連続講話が終わっても、いつくしみのわざは続けなければなりません。このすべてを主に感謝し、慰めと平安のために心に刻みましょう。

最後の精神的な慈善のわざは、生者と死者のために神に祈るよう求めます。これに、死者を埋葬するよう招く最後の身体的な慈善のわざを付け加えることもできます。少しとまどうかもしれません。けれども、世界において、昼夜を問わない爆撃で恐怖をまき散らし、罪のない犠牲者を増やす、戦争の惨劇の中にある地域では、悲しいことに、このわざは実際に求められていることなのです。これについて、聖書にはよい模範があります。自分のいのちをかけて、王の命令に背いて死者を埋葬した老人、トビトの例です（トビト1・17―19、2・2―4参照）。今日でも、身の危険を顧みずに戦争の不幸な犠牲者を埋葬する人たちがいます。ですからこの身体的な慈善のわざは、わたしたちの普段の生活から懸け離れたものではないのです。またこれは、おとめマリアが、ヨハネや数名の女性たちとともにイエスの十字架の傍らにいた、聖金曜日の出来事をわたしたちに思い出させます。イエスの死後、アリマタヤ出身のヨセフという、金持ちで、議員でありながらイエスの弟子となった男がやって来て、岩に掘られた自分の新しい墓をイエスのために差し出しました。彼はピラトのもとに直接出向き、イエスの遺体を渡してくれるよう願いました。これこそ、大きな勇気をもって行われた真の慈善のわざです（マタイ27・57―60参照）。キリスト者にとって、埋葬は悼《いた》む行為であると同時に、厚い信仰の行為でもあります。わたしたちは、その人の復活の希望をもって、愛する人の遺体を埋葬します（一コリント15・1―34参照）。これは、しっかりと続けられてきた、わたしたちキリスト者には心に響く儀式であり、死者のために祈る月であるこの十一月には、特別な響きがあります。

死者のために神に祈ることは、彼らがわたしたちに残してくれたあかしと、彼らがしてきたよいわざに対する、感謝の心の表れにほかなりません。それは、彼らを与えてくださったこと、彼らからの愛と友情とを、主に感謝する祈りです。教会はミサの中で、死者のために特別に祈りをささげます。司祭は唱えます。「聖なる父よ、信仰をもってわたしたちに先だち、安らかに眠る人々を心に留めてください。この人々、またキリストのうちに憩うすべての人に、喜びと光と平安を与えてください」（『ミサ典礼書』）。これは簡潔で、的確で、意味のある追悼です。愛する人を神のいつくしみにゆだねているのです。キリスト者の希望をもって祈りましょう。彼らが主とともに天の国にありますように。そして愛の神秘のうちに、彼らと再び会うことができますように。わたしたちは愛の神秘を理解することはできませんが、それが真理であることは分かります。それはイエスがしてくださった約束だからです。わたしたちは皆復活させていただき、わたしたちは皆永遠にイエスとともに生きるのです。

亡くなった信者を思い起こすことで、生者のために祈ることを忘れてはなりません。生者はわたしたちとともにいて、日々、苦難に直面しています。この祈りの必要性は、信仰宣言の中の「聖徒の交わりを信じます」ということばに照らして考えるとはっきりします。これは、イエスがわたしたちに明かしてくださったいつくしみのすばらしさを表す神秘です。聖徒の交わりとは実に、わたしたち皆が神のいのちに浸され、神の愛のうちに生きていることを示しています。生者も死者も、わたしたちは皆、交わりのうちにあります。つまり一つです。洗礼を受けた者たち、キリストのからだによって養われる者たちの交わりのうちに一つになって、神の大家族の一員となるのです。

わたしたちは皆、一つの家族、一つなのです。だからこそ、わたしたちは互いのために祈るのです。

隣人のために祈る方法は、実に多彩です。心から祈るなら、どれも有効で神は受け入れてくださいます。とくに、わが子に神のご加護があるようにと朝晩祈る、お父さんお母さんのことを思います。今でも、この習慣を続ける家庭もあります。子どもを祝福することは祈りです。病者のための祈りのことも浮かんできます。病者のもとを訪れ彼らのために祈るとき、執り成しを求める祈りを静かに唱えるとき、涙が流れることがあります。彼らはさまざまな困難な状況に置かれ、祈りを必要としています。昨日、工場経営者の立派な男性が、サンタマルタでのミサにやって来ました。この若い男性は、自分の工場が立ち行かなくなって、閉鎖しなければならないのです。彼はこういって涙を流しました。「五十世帯以上もの家族を路頭に迷わすわけにはいきません。破産宣告することもできました。そうすれば、資金をもって家に帰ることもできたでしょう。でもそうしたら、わたしの心は生涯、この五十家族のために泣き続けただろうと思います」。この人は、仕事を通して祈りをささげる立派なキリスト者です。彼は自分の解決のためだけでなく、五十家族のための打開策を求めて、主に祈るためにミサに来ました。この人は、心と行動をもって祈ることのできる人です。彼は隣人のために祈るすべを知っています。彼は苦しい状況に置かれていますが、「彼らには自分たちでうまく切り抜けてほしい」というような安易な方法を捜しているのではありません。この人こそキリスト者です。彼の話を聞いて本当によかったと思います。多くの人が失業のために苦労している今日、彼のような人は大勢いることでしょう。わたしはまた、友人や親戚や同僚についてのうれしい知らせに感謝することを頭に浮かべています。「主よ、このすばらしい出来事に感謝します」。これも他者のための祈りです。物事がうまくいっているときに主に感謝することです。聖ペトロが述べているように、しばしば「わたしたちはどう祈るべきかを知りませんが、〝霊〟自らが、ことばに表せないうめきをもって執り成してくださいます」（ローマ8・26）。わたしたちの中で祈ってくださるのは聖霊です。ですから心を開きましょう。そうすれば、わたしたちの心の奥底にある望みを聖霊が吟味してくださり、それを清め、全きものとなるよう導いてくださいます。ともかく、自分自身と他者のために、神のみ旨が行われるようつねに願い求め、主の祈りを唱えましょう。み旨は疑う余地もなく最高の恵みであり、御父のいつくしみはわたしたちを決して見捨てないからです。祈りましょう。そして聖霊が、わたしたちの中で祈ってくださるよう願いましょう。人生の中にある美しいこと、それは祈ること、感謝すること、神を賛美すること、何かを追究することと、この男性のように苦境にあるとき涙を流すことです。この若者もそうしました。ですから聖霊に心を開いていてください。わたしたちの中で、わたしたちとともに、わたしたちのために祈ってくださるようにです。

いつくしみに関するこの講話を締めくくるにあたり、身体的な慈善のわざと精神的な慈善のわざが、もっともっと自分の生き方になっていくよう、互いのために祈る努力を求めます。初めに申し上げたように、この連続講話はこれで終わりです。十四の慈善のわざをたどってきましたが、いつくしみはもっと続きます。この十四とおりの方法をもって、いつくしみを実践することです。ご清聴ありがとうございます。

（二〇一六年十一月三十日、パウロ六世ホールにて）

ペトロ文庫

いつくしみ――教皇講話集　定価はカバーに表示してあります

2017 年 10 月 25 日　第 1 刷発行　日本カトリック司教協議会認可

著　者　教皇フランシスコ

編訳者　カトリック中央協議会事務局

発　行　カトリック中央協議会
東京都江東区潮見 2-10-10 日本カトリック会館内

〒135-8585　☎03-5632-4411(代表)

印刷　株式会社精興社　ISBN978-4-87750-208-9 C0116

乱丁本・落丁本は、弊協議会出版部あてにお送りください

弊協議会送料負担にてお取り替えいたします

ペトロ文庫発刊にあたって

カトリック中央協議会事務局長　酒井俊雄

カトリック中央協議会の主要な任務の一つは、カトリック教会の教義をひろめ、信者を教化育成し、布教の推進を円滑にするための業務および事業を行うことにあります。とくに、教皇および教皇庁、また日本カトリック司教協議会の公文書を日本のカトリック教会と社会に向けて提供し続けることは、当協議会の重要課題であると自覚しています。

この使命を遂行するため、ここにペトロ文庫を発刊することとなりました。ペトロは、十二使徒のかしらであり、ローマの初代司教であり、カトリック教会の初代教皇です。使徒たちの後継者である司教は、ペトロの後継者である教皇との交わりのうちに、人々に奉仕します。とりわけ、信仰と道徳に関して教えるとき、つまり教導職を果たすとき、この交わりは不可欠です。そこで、カトリック中央協議会が新たに発刊する文庫に、初代教皇の名をいただくことといたしました。皆さまが教会公文書により親しむための一助となれば、望外の幸せです。

二〇〇五年十月

❖❖❖　ペトロ文庫既刊　❖❖❖

教皇フランシスコ

家　族——教皇講話集

父、母、子など家族それぞれの役割と相互の関係、そして現代の家庭が直面している種々の困難について語り、家庭における親しく温かな交わりを社会にまで広げるよう穏やかに訴えかけた一般謁見連続講話ほか。

256 頁
定価（本体 900 円＋税）
ISBN978-4-87750-198-3

定価は 2017 年 9 月現在。予告なく変更になる場合があります。

❖❖❖　ペトロ文庫既刊　❖❖❖

教皇フランシスコ

秘跡・聖霊のたまもの・教会——教皇講話集

三つのテーマの連続講話を収録。独特のユーモアと温かな語り口をもって平易に解説される、信仰生活の意味と本質。また使徒的勧告『福音の喜び』で教皇が訴えている数々の主題も、随所において力強く語られる。

192頁
定価（本体650円＋税）
ISBN978-4-87750-195-2

定価は2017年9月現在。予告なく変更になる場合があります。

❖❖❖　ペトロ文庫既刊　❖❖❖

教皇ベネディクト十六世／教皇フランシスコ

信（クレド）条――教皇講話集

ベネディクト十六世によって始められフランシスコにより完結した『カトリック教会のカテキズム』に沿った信条に関する連続講話。人間を制限するのではなく、人生を真に人間らしいものとする神への信仰の再発見。

288 頁
定価（本体 900 円 + 税）
ISBN978-4-87750-185-3

定価は 2017 年 9 月現在。予告なく変更になる場合があります。

ペトロ文庫既刊

教皇フランシスコ

教皇フランシスコ講話集1

教皇就任第一年目に行われた一般謁見講話、説教、お告げの祈りの前のことばなどを集めた講話集。最初の祝福、就任ミサ説教、ＷＹＤリオデジャネイロ大会での説教や講話、信仰年閉年ミサ説教などを収録。

272頁
定価（本体900円＋税）
ISBN978-4-87750-183-9

定価は2017年9月現在。予告なく変更になる場合があります。

❖❖❖ ペトロ文庫既刊 ❖❖❖

教皇フランシスコ

教皇フランシスコ講話集2

ヨハネ二十三世とヨハネ・パウロ二世の列聖式ミサ説教、聖地や韓国での講話、そして人間の弱さや陥りやすい悪を十五の病として挙げ話題を呼んだ、教皇庁各省庁長官および議長への降誕祭のあいさつなどを収録。

368頁
定価（本体1200円＋税）
ISBN978-4-87750-191-4

定価は2017年9月現在。予告なく変更になる場合があります。

❖❖❖　ペトロ文庫既刊　❖❖❖

教皇フランシスコ

教皇フランシスコ講話集3

教皇庁定期訪問中の日本司教団への講話、回勅『ラウダート・シ』の教えを具体的に情熱をもって語った、草の根市民運動国際大会（ボリビア）や国連総会での演説、いつくしみの特別聖年開年ミサ説教などを収録。

320頁
定価（本体1100円＋税）
ISBN978-4-87750-201-0

定価は2017年9月現在。予告なく変更になる場合があります。